日本の川を旅する

カヌー単独行

野田知佑

日本の川は楽しい

五〇年程前、ぼくは東京で海外旅行雑誌のライターをやっていた。その時アメリカに行き、道行くすべての車の屋根にカヌーやボートが積んであるのを見て興奮した。

日本に帰ると他社の雑誌編集者と毎晩会って飲んでいた。当時、これら在京の編集者の余暇の遊びは圧倒的にゴルフが多かった。まだアウトドアという言葉すらなく、都市生活の中でゴルフのみが体を動かす遊びであったというのが興味深い。

当時、東京オリンピックの名残りで競技としてのカヌーが細々とあり、その取材に行ったのがカヌーとの出会いである。その時、競技カヌーをする人の他に、「遊び」でカヌーをしている一派があると知った。彼らはファルトボート(フォールディング・カヤック)と呼ばれる折りたたみ式カヌーを使い、それを背中に担いでバスや電車で川に行き、数十kmを下り、終点でまたフネをたたみ、背負って帰るというやり方で川下りを楽しんでいた。

競技カヌーには興味がなかったが、この遊びのカヌーは面白そうだった。当時、東京、横浜、大阪にいくつかのグループがあって、ぼくは彼らと一緒に日本各地の川を下った。東京のあるグループが一週間の休暇をとって北海道の川を下った時は、彼らを呼び報告会をしてもらった。

まだ日本にはダムのない川が多く、そういう川を下ると、澄み切った水に心身ともに洗われるような心地になり夢中になった。最初は日帰りだったが、テントを持っていって川原に泊るようになり、次第にカヌー＋アウトドアの遊びにのめりこんでいった。二〇代の頃のぼくは大きなリュックを背負って日本や外国を放浪し、川や海で潜ったり釣りをしたりしていた。しかし、カヌーの旅は荷物を担がなくてもいいし、川が流れるので歩く必要がなくとても快適だった。川で遊びながら下るという「川旅」はぼくには新しい旅の方法だった。川遊びが得意な者にとって川旅は痛快なレジャーだ。そういう目で見ると、日本の川はよくできていた。

日本の川をカヌーで下って驚いたのは、「どうしてそんなことをするんですか？」ときく人が多かったことだ。競技カヌーを除いて、遊びとしてのカヌーを理解できない日本人が多かったのである。面白いからやるのだ、といっても、意味が判らず頭をひねっている。面倒くさいので、「河川調査です」というと初めて納得したようであった。カヌーで川を下りながら旅行をするという発想は当時の日本にはなく、遊びのカヌーというのは日本人にはかくも難しいものだった。

数年後、ある酒の席で、旅行雑誌『旅』の編集者に、カヌーにキャンプ道具を載せて旅をすると面白いと話すと、「それは面白そうだ」と一年の連載をくれた。一九八二年、それがまとまって『日本の川を旅する』の本になった。ちょうど植村直己が世に出てきた頃で、少し冒険的な旅というのが日本人に受けたのだと思う。ぼくが川のライターとして動き始めたのはこの時である。

日本の川は本来水が美しいので川を下る楽しみがある。水温が年間を通して高いのもいい。川の種類が多いのも面白い。ある川は魚が多く、ある川は穏やかだ。川ごとに風景が変化に富んでいる。

ヨーロッパの川は人口が多いので水が汚れ、川原が狭くキャンプ禁止だ。スイスやカナダ、アラスカ等は水のきれいな川があるが、雪解け水でとても冷たく川には入れない。日本の川はどこでもキャンプができ、モンスーン地帯で雨が多く川原がとても広いのもいい。テントを張って村を散策し、その人々と話をし、交流するのも楽しい。数十年の経験でぼくは日本中の川に友人を持っている。

ライフジャケットを着けさせれば、子供を連れて川下りできるのもいい。友人の子供たちを数日のツーリングに連れていくと顔つきが変る。川旅では、子供は朝から晩まで自分で「判断」をしなければならない。小さな流れでも右に行くか左に行くか常に選択を迫られ、自分の腕で漕ぎ抜かねばならない。川の上を行くのは、陸上を行くのと違って頭、判断力を使うのだ。ツーリングカヌーをすると、親は自分の子供たちの表情が大人っぽくなっていくことに驚く。初めて川下りをした子が小さな冒険で自分で判断して遊ぶことの快感を体験し、「また川下りに行きたい」というのも判る。

一九六〇年代から日本中の川に国交省がダムを造り始め、いい川が次々と消滅した。この本を最初に出した頃、ダム建設の反対運動で世の中が騒然としていた。水が足りないわけではない。定年退職後の役人が、ダム工事で儲けさせた土建会社に天下りをする仕組みになっており、それが国民に露呈した。現在もこの悪習は変わらず、不要なダムが造り続けられている。ダムができるとヘドロが溜まり、川が濁る。きれいな川がなくなる日本に嫌気がさして、カナダ、アラスカの川を数ヵ月かけて下ったのもこの頃だ。

「世界で一番面白い川はどこですか?」とよくきかれる。それは日本の川だ。ダムで痛めつけられているが、それでも日本の川が世界一だ。外国の人を日本の川に連れていくと、その美しさ楽しさに驚く。昼間潜ってテナガエビやアユを獲り、夕方、川原でこれらを焼いて酒を飲む。「どうだ、日本の川は面白いだろう」というと、「カルチャーショックだな」と返事がくる。

海外からのお客は西日本の川を勧める。西日本の川はそこに棲む魚が多彩だ。特にテナガエビには驚くだろう。こんな小さな魚に欧米人は関心がない。カナダの友人を四万十川に連れていった時、彼はゆでたツガニやテナガエビのダシで食べるソーメンに驚愕した。地元の人が、自分で獲ったイノシシの肉と漬物を差し入れしてくれる。穏やかな流れを下り、きれいな水にとびこみ、魚を獲り、友人は日本の川を下る様々な楽しみに触れる度に驚き、喜んでいた。

日本の川は外国のような猛獣や人間からの危険がなく、下るにつれて変る風景も面白い。九州や四国の川などは一〇月いっぱいまで暖かく遊べるし、夏の北海道の気候の良さは無類である。

各地の川にはレンタルカヌー屋がある。ぼくがカヌーを始めた頃は川を下るにも情報がなく、昔のアフリカ探検のように手探りで、いちいち川でひっくり返って、なるほどこういう風になっているのかと理解しながら下った。『日本の川地図』といった本も二冊出たが、今は絶版になっている。レンタルカヌー屋にきけば、近辺の川下りにいい川について詳しく教えてくれ、カヌーを借りることができ、頼めばガイドもしてくれる。

各地の川を行く時、温泉があるとそこに寄ってくつろぐ。こうして日本の自然を満喫して下るのが、この国の川の良さである。こんな日本の川を大いに楽しもうではないか。

二〇一九年三月　徳島　日和佐(ひわさ)にて　野田知佑

目次

江の川は人の少ない川で楽しめる。（撮影：渡辺正和）

釧路川（くしろがわ）

屈斜路湖に発し釧路湿原を縫う野生川

釧路川は北海道の濃厚な自然を満喫できる。（撮影：佐藤秀明）

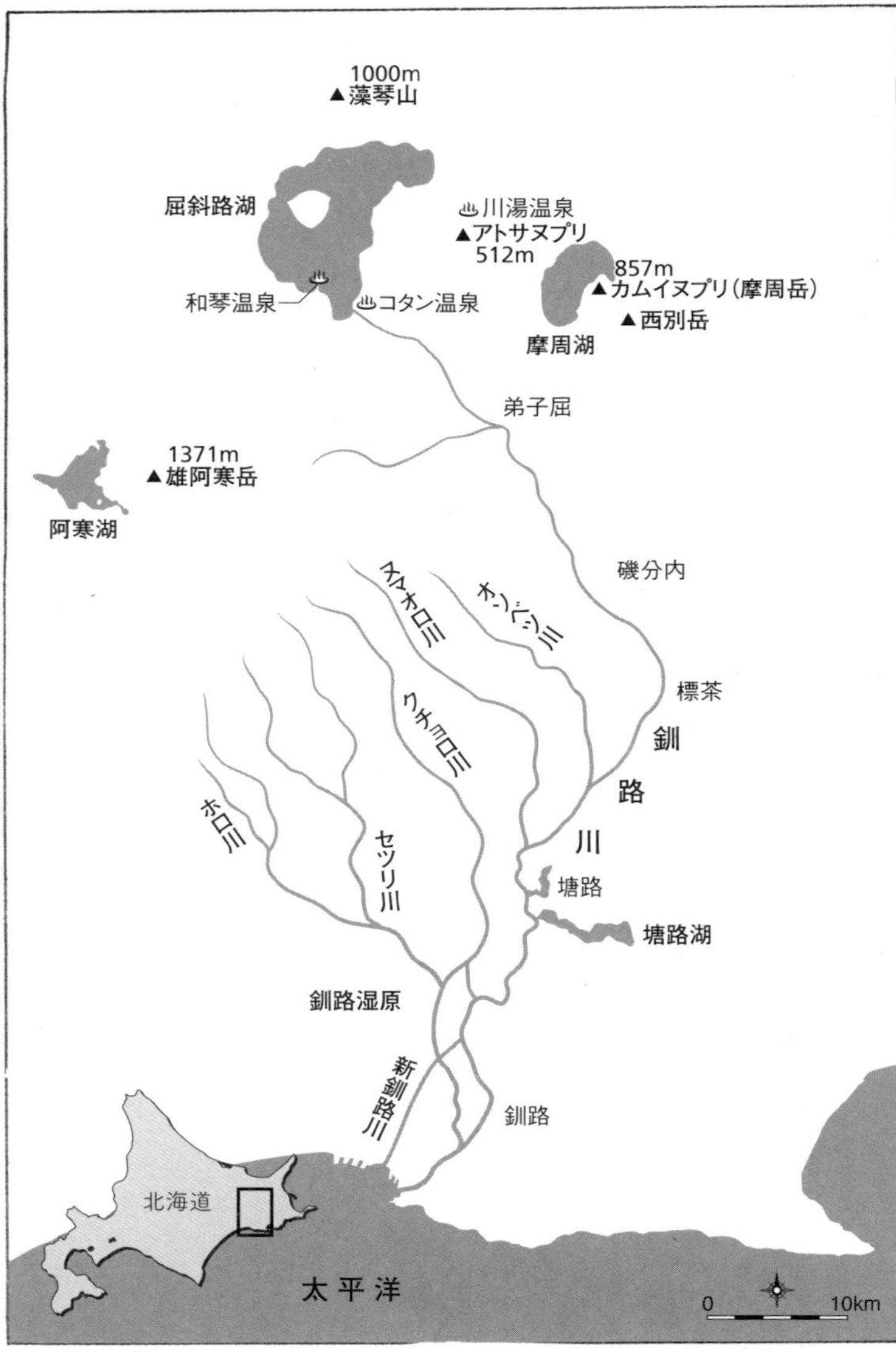
1000m
▲藻琴山
屈斜路湖
和琴温泉
コタン温泉
川湯温泉
▲アトサヌプリ
512m
857m
▲カムイヌプリ(摩周岳)
▲西別岳
摩周湖
弟子屈
1371m
▲雄阿寒岳
阿寒湖
磯分内
ヌマオロ川
オソベツ川
標茶
クチョロ川
釧
路
川
ホロ川
セツリ川
塘路
塘路湖
釧路湿原
新釧路川
釧路
北海道
太平洋
0
10km

いざ原野の光の中へ

テントの外で夜通し鳥が鳴いた。

屈斜路(くっしゃろ)湖畔の第一夜。北海道の夏は午前三時には東の空が明るくなる。

焚火(たきび)を起し、熱いコーヒーを啜(すす)った。一面の濃霧。七月だが朝夕はセーターにジャンパーを着こむほど寒い。

八時頃、霧が晴れて、青空がのぞいた。


今回の川旅はカメラマン同伴だ。釧路(くしろ)川は他の川と異なり、陸からはほとんど近づけないので一緒に川を下って貰うことになった。

使用するのは運搬に便利なファルトボート(折りたたみカヌー)。ぼくが一人艇に、加納カメラマンは安定度の高い二人艇に乗る。二人艇は船腹が大きいので滅多なことでは転覆しない。

〈ファルトボートのデータ〉

一人艇=長さ三・八m、幅六七cm、重量二〇kg
二人艇=長さ四・四m、幅八八cm、重量二九kg

両艇とも折りたたむと、長さ一・二m、幅四〇cm、厚さ三〇cmの収納バッグに入る。

一日目（屈斜路湖） 露天風呂につかって熊の撃退法談議

二艇を組み立て、荷を積みこみ、今日の宿泊地の和琴(わこと)半島まで一四kmを漕(こ)ぐ。
加納さんはカヌーは初めてなので特訓を施した。
和琴半島の近くの砂浜にテントを張り、半島のつけ根にある露天風呂までフネを漕いで行く。岩で囲んだ広い湯壷があり、砂底から熱湯がこんこんと湧(わ)き出ている。フネごと湯の中に乗り入れて洗い新品のようにしてやった。

夕方になると近所の人達が湯に入りに来る。乗りつけた車からタオルを持って裸でとび出してくる人もいる。

カラスが群れ飛び、夕日が湯の中の裸形を赤く染める。少しずつ夕闇に溶けていく凪(な)いだ湖面を眺めながら、話をきくのは楽しかった。一人のオヤジは熊にかけてはベテランだといい、そのウンチクの一端をもらす。

「熊に会ったら絶対に逃げちゃあいかん。その場にしゃがみこんで、知らん振りをしてタバコを吸うだよ」

タバコの匂いで熊が人の存在に気づき、黙って立ち去るそうである。鼻づまりの熊の場合はどうなるのか気になるが、一理はある。

「熊にパッタリ出会わない工夫をするのが肝心だ。山を歩く時は歌を歌う。わしの経験では『バンダの桜』が一番エエ。あれは日本の歌の中では最も高い、強い声で歌えるもんな」

「どんな歌ですか?」

「〽万朶(ばんだ)の桜か　襟(えり)のいろォーッ
　花は吉野に　嵐吹くゥーッ
ちゅうやつよ。『歩兵の本領』ともいうな。あとで教えてやるべ。熊は怖いもんじゃないよ。逃げるから却(かえ)ってやられるんだ」

「えらいもんだ。ところで山の中で熊に会ったことありませんか?」

「一度ある」

「で、どうしました?」

「ワーッといって逃げた」

彼等は開拓者の二代目、三代目である。七八歳になるという婆さんが石の洗場にペタリと正座して語った。

「愛媛(えひめ)を出たのは一〇歳の時で、三年たったら大金持になって帰る、といってたけんどなーにが。ムシロ掛けの小屋で動物のような暮しでの。旅費の工面のつく人はみんな条件の良いところに移ってしもうて、動こうにも動けない家だけが、屈斜路に残ったんさ」

――キビ、ソバ、ヒエが常食で、これは温かいうちは何とか食えるが、冷えると食べにくい。喉(のど)

を通る時はヤスリをかけるみたいだった。カボチャの時期はそればかり食べていたから、一家全員黄色い顔になった。米の顔を見たのは昭和に入ってからだ。

寒冷地農法を知らない開拓者は内地と同じ畑作をここでもやろうとして失敗した。毎年、凶作だった。彼等が生きのびることができたのは、森林伐採やそれを川に流す仕事があったからだ。

釧路川の上流は川幅が狭いために、「筏流し」はできず、木材をバラで流した。「ハヤスケ」と呼ばれるトビのような長い竹竿を手にして、一本の丸太に乗った流送人夫は途中でつかえたり、ひっかかったりした木材をはずして下流に流し、或いは流れやすいように流れを作ったりして川を下る。

普通、湖から塘路までの九五km（当時）を一五日かけて流した。ハヤスケで、左右の水面を叩きながらバランスをとりつつ、丸太に乗って急流を行く男たちは、流域で最もイキでカッコいい存在であった。

二日目（まだ屈斜路湖）　死の湖の退屈さ

夜明け前に風呂に行った加納さんが大いにフヤけて帰ってきた。

「若い女性が先に二人入っていたので歓談してきました」

人目のない早朝と夜遅く、湖畔の娘たちは風呂に来るらしい。

水中眼鏡、足ビレをつけて湖に潜った。黒い小砂利の湖底がなだらかに傾斜して、沖の暗い深みの中に消えていた。水は澄んでいて視界は五、六ｍ。

湖底は荒涼としていた。

ところどころに密生した藻（も）。水深三～五ｍ程のところを数㎞ずっと見て回った。たいていの湖であればこれだけの距離を動くと、数百匹、数千匹の魚を見るのだが、ここでは体長三～五㎝のトゲウオを数匹見かけただけだ。

屈斜路湖は死の湖である。

昭和一三年の屈斜路地震の時、湖底のあちこちで硫黄が噴出し、それまで淡水魚の宝庫だった湖は強酸性の水に変り、魚類は全滅した。

現在も噴出は続いていて、時々魚を放流しているが成果は上っていない。

釣りのできない湖なんて非常に退屈で、だから、風呂にばかり入ることになる。

湖畔の売店のおばさん曰（いわ）く。

「いつも夏休みになると、汚れた学生さんが大勢来ますが、ここを発つ時はみなピカピカになってます」

おれたちも大分きれいになってきた。明日出発だ。

三日目（コタン—弟子屈（てしかが）30㎞）　日本で最も人間臭のない川

四時起床。大切なものは防水袋に入れて、フネに積みこむ。売店のおばさんからニギリメシの差し入れ。

コタンの南西一㎞地点に屈斜路湖の出口がある。ここが釧路川の源だ。

流心に乗せると二隻の艇はゆっくりと密林の中に吸いこまれて行く。

釧路川の旅はこうして始まった。

樹木のトンネルの薄暗さに目が馴れると、北海道の大自然が目前に展開した。

川幅五～八ｍ。水深は最深部で一・五ｍ。青灰色の水が高らかに音を立てて流れ、硫黄で変色した藻が川底でゆらゆらと動く。川床は泥炭で、パドルで突くとスッと抵抗なくめりこむ。泥の中からアシ、木が生えているところが岸だ。水辺の木は水中の毒素で立ったまま枯れ、青白い枝を天空にのばしている。沈木、風倒木が川の至るところに横たわり、うずくまり、行く手を遮断（しゃだん）した。そのわずかなすき間を縫ってフネは進む。川は小さなＳの字を描き、絶えず蛇行（だこう）して流れた。

川の上にいる時の自由の感覚、解放感を陸（おか）にいる人に説明するのは難しい。

この目前にある自然や時間はすべてわれわれだけのものであった。

弟子屈までの源流部は日本で最も野性的な人間臭のない場所であろう。下流の釧路湿原は船外機をつけたボートが入りこむが、ここではカヌーのような吃水（きっすい）の浅い、こまわりの利く船以外は入れない。水上にも、水中にも障害物が多過ぎるのだ。

地図で見ると流れの近くを道路が走っているが、湿地が間にあるので、川に近づけない。

流速は時速約五㎞。川は美留和（びるわ）原野の最も柔かい部分をえぐって南下し、時折、沼に入る。このあたりで転覆すると、少し厄介だ。人間の重量を支えるだけの固さを持った川床、岸がないのである。

一五㎞程下ったところで改修地点。曲った川をショートカットして直線にしてある。現代の土木技術の凄(すご)さは実際にこの眼で見ないと判らない。アッという間に川の流れを変え、新しい川を作ってしまう。

五万分の一の地図にもまだ記載されていないが、釧路川は五ヵ所程、蛇行部分を直線にしている。公式には全長一二九㎞となっているが実際は一一〇㎞前後であろう。

通常、川の岩石は流れで摩滅して角が丸くなっているから、ぶつかっても大したことはない。しかし、改修河川の川床にある岩石は新しく、角が鋭いので舟底が当るとナイフのように切れる。川はそこで急流になっていた。艇を岸につけ、上陸して流れの偵察をする。川が広く浅く流れ、水面下に隠れ岩が無数。人を乗せた艇が通るだけの深さがないので岸を歩き、ロープでフネを曳(ひ)いてやり過す。

川の蛇行は益々激しくなった。ほとんど五〇mおきに半径三mくらいの小さなヘアピンカーブが続く。

ぼくが五〇m程先行し、主なポイントでは引き返して「次のカーブは右」「左ぎりぎりいっぱいを通れ」などと相棒にコースを指示した。

ある流れの早いカーブで、川いっぱいに張り出した木の中に突っこんで、加納艇が転覆した。幸い浅いところでカメラ機材は無事だったが、ここで漕行(そうこう)を中断。原生林の中に艇を引きあげる。火を起そうとするが木も土もじめじめと湿っていて燃えない。

フネを置いたまま、大事な荷だけ持って脱出した。道路の方角を見当つけて、森の中を歩く。目の前に釧路川や沼が現れ、行く手をさえぎり、何度も引き返した。翌日、フネをとりに来る時の目印に時々白いロープを切って木の幹に結びつけて歩く。

沼地を一時間程うろつくと不意に固い道に出た。ヒッチハイクで弟子屈に行き、民宿に泊る。

四日目（弟子屈停泊）　海賊のように自由である

早朝、一人で森の中に戻り、一人艇を分解して二人艇に積み、弟子屈まで漕ぐ。鐺別(とうべつ)川の流れこみで加納さんと待ち合せ、そこでテントを張る。

目の前の流れに毛バリを振りこむと、一投ごとにヤマメ、ウグイがかかった。七本バリを流すと、一度に三四、四匹と食いつき、竿は手許(てもと)から大きくしなった。ヤマメだけを焼いて、それを肴(さかな)にウイスキーを飲む。

加納さんは「女のことを一日に一度も考えず暮したのは、何十年振りだ」という。

毎日が「大極地大冒険太平洋ひとりぼっち翼よあれがパリの灯だ」的日々なので、女どころではないのです、と告白する。

確かに川旅は「男の世界」である。

自分の腕を信頼して毎日何度か危険を冒し少々シンドクて、孤独で、いつも野の風と光の中で生き、絶えず少年のように胸をときめかせ、海賊のように自由で——

つまり、ここには男の望むものがすべてである。

五日目(弟子屈―磯分内18km)　他人の家でくつろぐ法

朝、フネを漕いで対岸の家に水を貰いに行く。上りなさい、というから上り、食べなさい、とご飯を出されたので遠慮なく食べた。素直なのがおれの取り柄だ。

縁側で話をする。主人は営林署に勤める人である。

「川の水が以前より随分減ったですね。水位が下がって源流部では五年前にあった沼がいくつかなくなっていましたよ」

「山の木を伐(き)ったからです。昔は少々雨が降っても川はびくともしなかったけど、最近は水がすぐに増えたり、減ったりする」

山に木がなくなると川の水は枯れる。山はすなわち川なのである。植林をしているが、伐採のスピードには追いつかないという。彼は遠くの山をいくつか指差していった。

「あのあたりの山の黒くなっている部分はみな私が植えたんです」

こういう時の男は実に良い顔になる。

新聞などを読み、久し振りに「家庭」の空気に触れて、すっかりくつろぐ。ぼくがどれほど完璧(かんぺき)にくつろいで、デカイ面(つら)をしていたかは、丁度その時やって来た新聞の拡張員が横にいる主人をさしおいて、ぼくに向って「旦那さん、お願いしますよ」といったのでも判る。

フネに乗りこもうとすると、おばさんが追いかけて来て、アヒルの卵一〇コ、ウリ、塩ザケなどをくれた。何だか貰いものの多い旅である。加納さんがいった。

「おれたちのことを本当に河原乞食だと思っているのかも知れませんね。どうも簡単に物をくれすぎる」


弟子屈を出ると、川は次第に荒れてきた。

カヌーが初めての加納さんは良く頑張っているが、顔がひきつっている。下流の方でゴーッという轟きがきこえる。彼がふるえる声で、

「あそこに大きな瀬がある」

と指差していう。見ると、両岸に流木が重なり合い、高い堰を作っていて、そこに当る流れが猛烈なしぶきを上げていた。

こういうマイナスの感情はすぐに感染するもので、ぼくまでとても心細くなってしまった。

近寄って見ると、岸に近い両側は障害物が多く、それにぶつかる波で大変な修羅場だが、川の真中に深い水路があった。三級の瀬である。フネを寄せて、相棒にいった。

「ここは真中を突破しよう。ロープを曳いて行ってもいいが、一度逃げると、次からはいつも逃げる癖がつく。頑張れ。おれの通るコースをぴったりついてくれば間違いない。波や流れの音に気押されると体が動かなくなるからね。声を出せ。何でもいい。大声で怒鳴って漕ぐんだ。『編集部の馬鹿ヤ

ロー』でもいいし、『モモエチャーン』でもいい」

彼はやや蒼ざめた顔で「前者にします」といった。

「ぼくをこんな目に会わせた憎っくきやつらめ」

「大丈夫。死んだら骨は拾ってやるよ。ダイジョウブ」

白く泡立つ急流の中に突入すると、後方から東京は神田あたり（彼をダマして同行させた編集者がいる）に向って吐き出される罵詈雑言が波の音をつき抜けてキンキンときこえた。

カヌーでは流れの難易度を級数で表わす。一級から六級に分けられ、次の通りになる。
一級＝ほとんど静水
二級＝少し波が立つが、危険なし
三級＝波高く、水中の障害物多し、かなり危険。初心者はよく偵察をして行くこと
四級＝上級者向き。危険
五級＝波高一m以上で、水中の障害物多く、フネの漕行の限界
六級以上＝漕行不可能

川は熊牛原野に入った。

老釣り師が糸を垂れていた。コイかと見まがうような三〇〜四〇㎝のウグイが数十匹網袋の中に入

っていた。

「花壇の肥料ですよ」と老人は照れる。この川ではウグイはゴミのようなものだ。とても泥臭くて味が悪いのだ。だから人は釣っても犬猫のエサか、畑の肥料にするか、または投げ捨てる。アメマス、ヤマメ、イトウなど美味な高級魚しか相手にしない。

ガスで紅茶を沸かし、ウイスキーをたっぷり入れて、差し出すと、老人は一息で飲み干した。

――昭和の初めにここに来た。凶作が三年続いて、アイヌの人たちに子供を育てて貰う人も出る程ひどい時期だった。夏の間は学校に行かずに毎日釣りをした。遊びではない。そうしないとオカズがなく、家族の者が栄養失調になるからだ。

「私がいるのはこの先の虹別(にじべつ)というところだが、暮しがよくなったのは昭和三〇年頃からです。大型酪農がやっと軌道に乗りましてな。年収一〇〇〇万、二〇〇〇万という家はザラですよ」

長者番付にずらりと名を連ねているという虹別の開拓者である。

長年、辛酸をなめ、鍛え上げられた彼等は「筋金入りの百姓」として名が高い。

更に下る。天文台のような銀色の丸い塔が何本も土手の向うに突き出ている。最新式のサイロである。牛乳を買いに行った。二リットル二五〇円也。

牛乳もこのところ過剰気味で「生産調整」をしている。農協から集乳に来ても各戸に割り当てた量しか持っていかない。残った牛乳には密売しないように「食紅」が投げこまれる。真赤な牛乳の入ったタンクが小屋にいくつも並んでいた。

「これどうするんですか？」

「牛に飲ませるしかないな。味も成分も全然変らんのだけど、その色じゃどうしょうもない。持っていくならいくらでもやるよ」

血のようなミルクを見て、わがパートナーはとび上った。

「今夜はひとつ、真夜中に起きて、こいつをピチャピチャ舐めようじゃないか。そして、ニターリと笑うんだ」

六日目（磯分内―標茶10㎞）野生のミンクが扶養家族連れて

川原で朝食（パン、ハム、フキのミソ汁）を作っていると、向う岸に一匹の動物が現れた。野生のミンクである。

一〇m程隔てているわれわれを少しも意に介さず、ドボンと川にとびこんだ。下の方で浮び上った時は口にピチピチとはねる魚をくわえている。岸を走って戻り、巣とおぼしき穴の中に魚を運びこみ、再び川にとびこむ。一潜一匹の腕前である。

ミンクはそれを二時間余り続けた。

「扶養家族が多いんだな。お前も大変だ」

そいつは、最後に顔見せのつもりか、七匹の子供をぞろぞろと連れて、われわれの前を歩いて行ったものである。

標茶に入る。開運橋の手前の川原でキャンプ。町営の温泉に入って汗を流した。

標茶は「監獄」から生まれた町だ。

明治一八年にここに集治監(監獄)が設置され、それまで数戸のアイヌの家があっただけの小部落は突然ふくれ上った。

ここに来たのは懲役一〇年以上の囚人達でそれまで釧路川の舟運の最大の障害となっていた川の沈木の引きあげをはじめ、森林の伐採、開墾、道路建設など、未開の原野に今日の東北海道の基盤となる難工事をやり遂げた。

明治三四年に集治監は廃止。町は一時さびれるが、その後、陸軍の「軍馬補充部」が開かれて再び繁栄する。

「監獄城下町」だけに、今でもお年寄りと話をすると、津田三蔵(大津事件の犯人)、五寸釘(くぎ)の寅、仕立屋銀次など、その頃高名な囚人たちの名が、親しみをこめて語られる。

終戦直後にここに来たという酒屋のおっさんはいう。

「その頃、このあたりはまだ沼がいっぱいあってね。たくさんアシが生えていて、こんなところに人が住めるんだろうか、と悲愴(ひそう)な気持ちでしたよ。冬、土台がしばれるもんだから、どの家も傾いていてね。学校じゃ、教室でリンゴの写生をするのに、コロコロ転がるからリンゴにつっかい棒をしてやったものです」

北海道の川の話をする時、サケ・マスの「密漁」に触れなければ片手落ちだろう。

釧路川は密漁の川である。密漁というと何か暗いイメージがあるが、このあたりの人はサケと官憲を相手に闘う男性的なスポーツと見なしているフシがある。

北海道ではもともとサケ、マスは、現在のように一部の業者の独占物ではなく、一般人の貴重な蛋白源であり、自分で食べるくらいのものを獲るのは昔から大目に見られていた。

サケの獲り方を警官が教えてくれた、という話もある。

それ以上に、開拓者には「自分の食物ぐらい自分で獲らなくて何が男か」という意識が強いから、密漁はなくならない。

「あの頃は秋になると、生徒たちの学級費の払いがとたんに良くなったものですよ。サケの密漁で金が入るんですね」

戦前、標茶あたりでは季節になると川はサケでびっしり埋り、水を汲みに行くと、サケの背中が邪魔になってバケツが水の中に沈まなかった、という。

川岸の軍馬補充部の兵士たちはおおっぴらにサケを獲った。「軍事基地内に無断侵入した者は、誰何して返答なき場合には射殺すべし」という口実で。

かくして、今日も酒が入ると男たちは密漁の話に夢中になるのである。

「でっかいやつを三本上げてよ。背中のザックに入れて、オートバイで帰る途中でな。交番の前の赤信号で止ったら、殺した筈のサケのやつがバタバタ暴れ出しやがる。お巡りが不思議そうな顔でこちらを見るし、いやいや、ヒヤ汗びっしょりよ」

七日目（標茶—塘路25㎞）釧路湿原に入る

標茶を発つ。

牧草地はいま、一番草の刈り入れ時だ。地平線の見える草原には唸りを上げて機械が動き回り、活気と緊迫感が漲っていた。

相変らず沈木の多い流れを一〇km程行くと「五十石」に出る。昔、五十石船がここまで来た、というところだ。

ここを過ぎると、地図にない改修河川になる。川は不自然にまっすぐな、広い人造川床の上をいやいや流れた。

約四kmの改修部分が終ると、再び蛇行。

いよいよ、釧路湿原に入る。

川幅が狭く、深くなり、その分だけ流れが早く、強くなった。

両側は高い樹林がびっしり茂り、淀んだ空気の中でじっとりと汗が出てくる。朽ちた草木と泥の匂い。

パドルの音が密林の壁に大きく反響する。

木の頂からじっと見下ろしている大きな鳥はオジロワシだろうか。木の下に腰を下ろし、頭を傾けてこちらを見ているキタキツネ。

食料の豊富な今の季節、野の獣たちは肥え太り、毛なみがつやつやとして美しい。多分、現在、この湿原の中で最も汚ないのはわれわれ二人であろう。

今日は加納さん、体調悪く、弱音を吐くのを叱咤(しった)激励しつつ下る。上陸したいのだが、湿地が続き、上れないのである。

「もうダメです。眼がカスんできた。死にます。まわりが暗くなってきた」

「バカ。日が暮れて暗くなったんだ。もう少し頑張れ」

塘路の近くで固い砂地のあるところを見つけて上陸。

蚊取り線香、防虫スプレーをとり出す間もなく、蚊、ブユ、その他の虫がワッと襲いかかり、全身八八ヵ所を刺される。

日本のインテリは「荒野」「曠野(こうや)」などの言葉を好んで使い、これを口にする時、涙を流して喜ぶ癖(へき)があるが、現実の「荒野」とは、まず第一に大変カユイところである。

日が落ちて、気温が急激に下ると、蚊や虫の跳梁(ちょうりょう)は止(や)んだが、小さな「ヌカ蚊」は一晩中、われわれを悩ませた。

二人とも日に焼けて真黒になり、夜になると闇にまぎれてどこにいるか判らない。お互いに蹴つまずいたりするので、外で座っている時はいつも鼻歌を歌って所在地を明らかにしていなければならない。

流木を集めて大きな焚火を作る。酒を飲みながら、リール竿を出してソーセージのエサをつける。目の前の淵でイトウをねらってみたが、釣れるのはウグイだけだった。

夜風が湿原の泥の匂いを運んでくる。

こうして釧路湿原の只中に身を置いて、ひしひしと感じるのは強烈な野の気配だ。

この沈黙の雄弁さ。

全身に圧力のようなものを感じる。その猛々しい迫力に圧倒されて、押し黙ってしまう。

数年前に一度、この川を下ったぼくの実感からいえば、釧路湿原は急速に消滅しつつある。以前はとても入れなかった泥沼が、いまでは人が歩ける固い土地になっている。前回来た時は湿地がもっと大きくて、泥の中に四本の足を深く沈ませて一匹の牛が立ったまま死んでいるのを見た。

湿原に縦横に溝を掘り、または大きなパイプを埋めこみ、排水し、乾燥させて固い大地に変えようとする試みが方々でなされている。

湿原をこのまま残せ、という自然保護団体や釣り人の声も、一大牧草地を作るという「経済的名目」の前にはかき消されてしまう。

深夜、ドドドッという地響と馬のいななきでとび起きた。湿原に放し飼いにした数十頭の馬の群れが川に水を飲みに来たものらしい。

テントを踏み潰されるとかなわないので、二人で叫んだり、歌を歌ったりした。

八日目（塘路—釧路26㎞）　カモメと潮の匂い

最後のラーメンを腹に収め、出発。川っぷちに見捨てられた大きな新しい家。湿原の荒涼に耐えられなかったのだろうか。

一隻のモーターボートが下流（しも）から上ってきてすれ違う。少し行くと、曲り角の淀みで二〇ヵ所程密漁のマス網が仕掛けてあるのを見た。さっきのボートの仕業であろう。

朝からずっと眼前にあった岩保木山（いわほぎ）のすそをぐるり回ると、新しい世界があった。

遙（はる）か遠く、湿原の彼方（かなた）に黒い煤煙（ばいえん）が漂い、その下がわれわれの目的地らしかった。

新釧路川はここから一直線に一一㎞掘削され、海に出る。旧釧路川に通じる水門は巨大な錆（さ）びた鉄扉（てっぴ）を閉じ、旧川はアシの生えた水溜（みずたま）りになっていた。

少し下った雪裡（せつり）川の合流点にサケ用の鉄柵。フネに荷物をのせたまま引きあげて、岸を巻き、最後の直線コースに入る。

カモメと潮の匂い。

釧路の町が遠くに光って見え始めた。

尻別川（しりべつがわ）

羊蹄山の裾野を巡って日本海に注ぐ原始の川

羊蹄山の麓でイトウを釣る。（撮影：佐藤秀明）

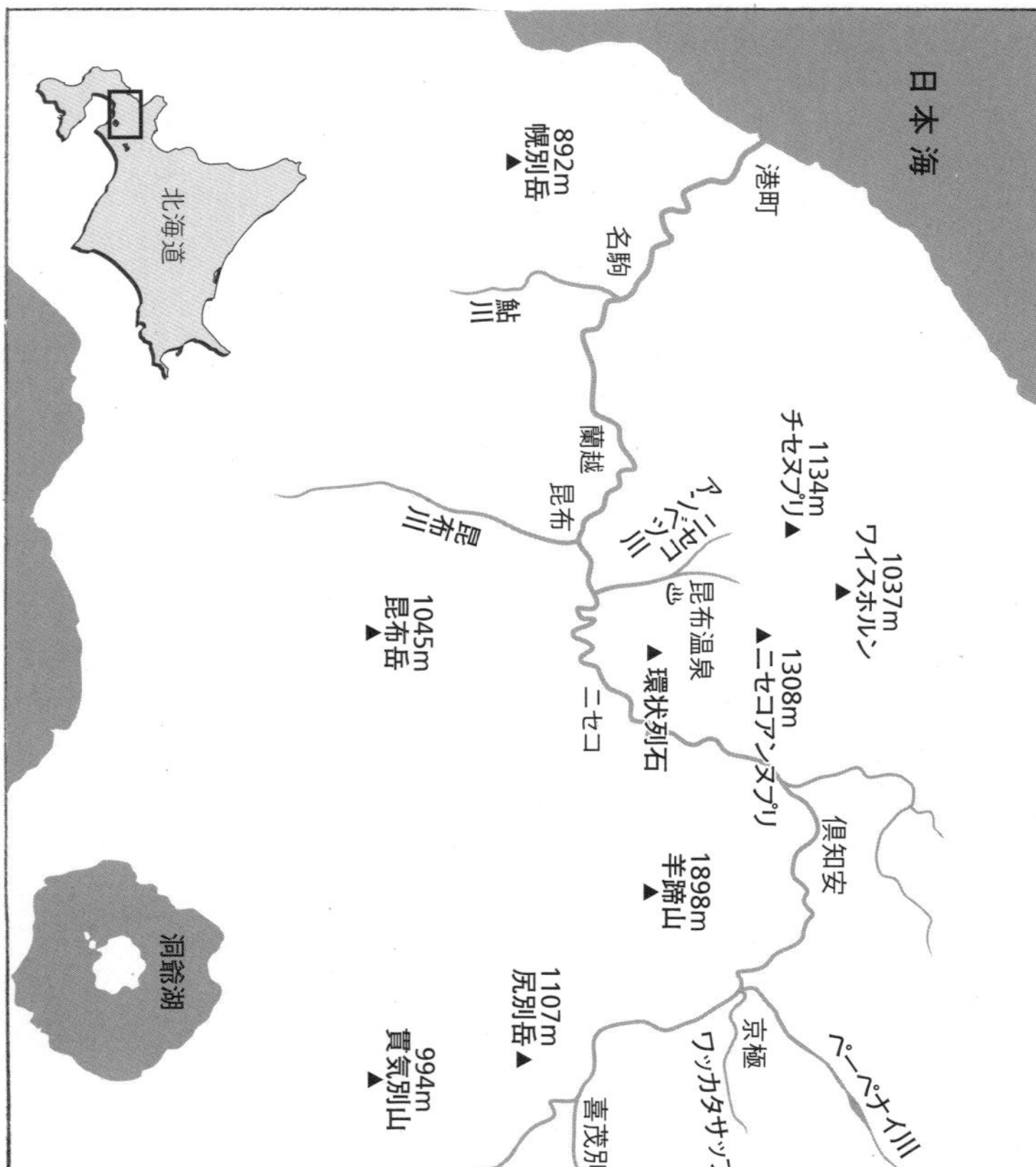
日本海
港町
892m
幌別岳
名駒
鮎川
北海道
蘭越
昆布
昆布川
ニセコアンベツ川
1134m
チセヌプリ
1037m
ワイスホルン
昆布温泉
1045m
昆布岳
1308m
ニセコアンヌプリ
環状列石
ニセコ
倶知安
1898m
羊蹄山
洞爺湖
1107m
尻別岳
994m
貫気別山
京極
ペーペナイ川
ワッカタサップ川
喜茂別
喜茂別川
1464m
無意根山
1177m
喜茂別岳
尻別川
0
10km

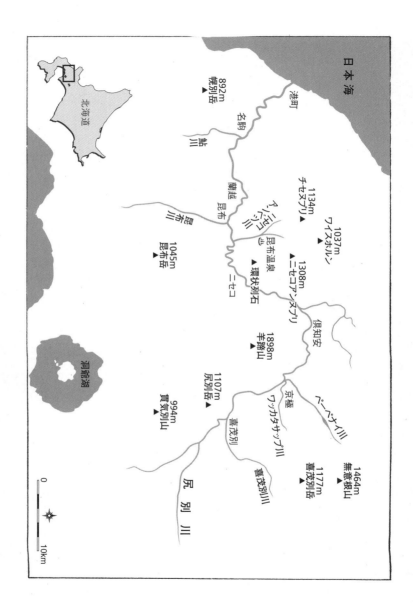

幻の魚イトウを釣った

五月末に北海道では時ならぬ雪が降った。

各地で放牧中の牛が寒さのために斃死した。

「いまだ　風薫らぬ五月」

地元の新聞はそんな見出しをつけた。


一日目（喜茂別―倶知安20㎞）羊蹄山の麓で

北海道南部。胆振線の喜茂別で下車。

六月初めの清々しい陽光の下、眼前に尻別岳（一一〇七ｍ）と羊蹄山（一八九八ｍ）の偉容がある。

喜茂別はアスパラガスの町だ。全国の生産量の七割が、この羊蹄山山麓の黒土の畑にできる。

駅前の喜茂別川の合流点でフネを組み立て、荷を積みこんだ。

この川で使うのは二人艇だ。二人乗ったうえに五〇kgの荷を積める。一人艇より長さ、幅ともひと回り大きいだけだが、安定性が素晴しく良い。中であぐらをかいたり、寝そべったりしても平気だ。

去年の夏、関西の二人の青年がこの艇に乗って、沖縄から口之島まで島づたいに外洋を六〇〇km漕破(は)している。これを一人で使うと、一人艇の時は後部デッキの上に積んでいたバックパックや他の荷物を前の座席に放りこめるし、荷の出し入れがとても楽である。

尻別川は道南の有珠(うす)郡大滝にある八〇〇m級の山地に源を発し、羊蹄山のすそ野をめぐって流れ、日本海に出る。全長一二六㎞。北海道では六番目に長い川だ。

雪解け水で増水した川の水温は九度と低い。ウェットスーツを着こんだ。

川はしょっぱなから荒れた。三級の瀬が続く。一、二ヵ所護岸工事がしてあるが、あとはほとんど自然のままの岸である。流れにえぐられた岸の土砂がザーッと落ちる。

岸の樹木やクマザサが水路にかぶさるように茂っている。その狂暴な茂り方がとても良い。

京極(きょうごく)を過ぎたところで寒別発電所のダム。フネを岸に担ぎ上げてダムサイトを巻く。

ここで水をとられてやや減水した川は、この下から白く波立つ荒瀬になった。二、三度フネを止めて上陸し、前方の瀬を偵察して漕(こ)ぎ抜けた。

川を行く舟にとって恐いのは、流れの中にある岩や杭(くい)だ。湖のような静水では何かにぶつかったり、乗り上げたりしても、バックをして離れればそれで済む。しかし、流れの中でぶつかると、舟は障害物を支点にしてぐるりと向きを変え、流れに対して横になることが多い。横腹に水流を受けた舟はあっけなく横転する。

水面に出た障害物は遠くから見て避けられるから問題ない。水面下の「隠れ岩」や障害物は、その上の波の形を見て判断する。「波を読む」のだ。カヌーの漕ぎ手の目の高さは水面から七〇〜九〇㎝。この高さからだと、急流で行く手の波の様子が判るのは五、六m先までだ。急流で五、六mというのは、波を見て判断を下すのに一、二秒の余裕しかないということである。

だから、初めての川を行く時は、流れの音が変ったり、瀬音が近づいたら、フネを着岸して、前方の様子を見に行く。そして、急流の通るべきコースを頭に入れる。「あの岩の右をすれすれに通って、それからすぐに左に寄って次の岩は左を通る……」という具合に。

三級以上の瀬になると、下見をしないでいきなりとびこむのはリスクが大きすぎる。途中でコースの前方に岩がびっしり並んでダメだ、と判っても、引き返せないからだ。

岸の高いところに立って、他人の漕ぐのを見ていると、どうしてあんな難しいコースをわざわざ通って「沈」するのだろう、と思うことがある。しかし、フネの上の者には五mから先は何も見えないのである。岡目八目（おかめはちもく）とはカヌーにもあてはまる言葉だ。

尻別川は喜茂別—蘭越（らんこし）間の約五〇㎞の間に七ヵ所の小型のダムがある。それだけ川の勾配（こうばい）が大きく、急流が多いということだ。

寒別のトロ場で男が一人竿（さお）を出していた。

ヤマメ（北海道ではヤマベと呼ぶ）が数匹ビクに入っている。

「ここはイトウがよく出るところです」

と彼はいった。

今年の四月に上げたイトウは一mを八cm越す大物で、重量一一kg。そのくらいのやつになると、かかって岸に上げるまで一時間ぐらい暴れる。

「この川じゃ、三〇cm以上じゃないと魚とはいえません」

と彼がフイた時、ヤマメがかかった。それは二〇cmを越す立派なものだったが、今大きなことをいったばかりなので、彼は実に惜しそうに川に放した。

倶知安の少し手前の土手にテントを張る。

早速、竿を出して、毛バリを振った。二〇〜三〇cmのウグイが入れ食い。ウグイはちょうど産卵期で、体を掴(つか)むと精液や卵を放出する。どれも鮮やかな婚姻色の縞を体側につけていた。ヤマメも数匹釣った。


キャンプ生活の夕方は多忙を極める。釣りをする一方で、雨に備えてテントのフライを念入りにつけ直し、川原に拡げた荷物を露に濡らさぬようにカバーをかけ(北海道では夜露が雨のように激しい)夕食の仕度、焚火(たきび)の薪拾い、ヨモギを刈りとって集め(焚火に投げこんでその煙で虫を追っ払うため)——と、することが山のようにある。

ヤマメを串(くし)に刺して塩をかけ、火のまわりに立てる。薄れていく残照を眺めて、ウイスキーを飲む。

さっき土手向うの畑で貰ったアスパラガスをアルミフォイルに包んで火で焼き、塩をつけて食べる。ヤマメの香ばしい匂いが広がり、快く酔ってくる。寒いので焚火の火が心地良い。

背後の茂みでガサガサと音がする。多分、キツネだろうが、川旅の第一夜は神経が過敏になっていて、何にでも驚く。

以前、十勝川を三人で下ったことがある。人里に熊がしきりに出た年で、夜、焚火を囲んでいると、近くの藪で音がする。藪に一番近い者はそっと立って、音と自分の間に他の二人を置く。また音がすると、新しく藪に近い者が立ち上って、そっと回り、他の二人の向う側に座る。お互いに他の二人を楯にしようとして、ひと晩中、無言で争ったものである。

二〜五日目（倶知安停泊）　オショロコマとイトウを釣る

カメラの佐藤さんと倶知安駅前で落ち合う。

今日はイトウとヤマメをたくさん釣って写真に撮ろう、と二人で頑張ったが、かかるのはウグイのみ。

「証拠写真がなけりゃあ誰も信用してくれないなあ」

前日、小さな川の上流で、ヤツメウナギを何匹も手掴みにした、という彼がこぼす。

倶知安には、数年前、天塩川を下っている時に知り合った田中さんという人がいた。その夜、街に出て三人で飲む。後日、河口で会う約束をして、佐藤さんは道北の撮影に行った。

ここにしばらく居ることにして、テントをもっと景色の良い、広い川原に移した。背後に厚い林があり、目の前に川と中州。対岸は絶壁。その下は淵になっている。

この絶好の釣り場には毎日、一人か二人の釣り師が来た。みんなぼくのテントに立ち寄り、お茶や酒を飲んで話しこんで行った。

ある人は次の日に肉を持ってきて、バーベキューをして一緒に食べ、別の人はもっと山奥の釣りに誘いにきた。

感心するのは北海道の人が野外料理に慣れていることだ。川にくる釣り師の車のトランクには、いつもプロパンガスやジンギスカンナベや焼き網が入っていた。彼等は機会さえあれば、すぐその場に座りこんで、肉を焼いて食べる。

倶知安は後志支庁の所在地で、人口約一万八〇〇〇人。ニセコのスキー場で知られた町だ。

キャンプ地のまわりにはアスパラガス、ビート、水田が広がり、農家が点在する。どの家も新しい。赤、青の屋根と四角いレンガ造りの煙突とテラスがあり、こぎれいな家だ。

北海道に入ってきた人が、いまや三代目になり、入植以来住んでいた家を建て直す時期なのである。言葉も三代目になると故郷なまりが消えて、標準語に近くなっている。

「北海道の人はついこの間まで『ひと儲けしたら、金を持って故郷に帰ろう』と思っていたんですよ」

倶知安のあるお寺の住職がいった。

「北海道には余りお墓がないでしょう。それはね、ここで死んだ人の骨を郷里に持って帰るつもりだったんです。墓ができはじめたのはつい最近です。やっとこの地で『骨を埋める』覚悟ができたんですね」それにしてもお寺の多いところで、この小さい町に一三のお寺がある。一代目の人たちにとって信仰は唯一の楽しみで、同郷の者が集ってそれぞれお寺を建てたのである。

ヤマメを釣るにはイタドリの茎に入っているイタドリ虫が良いのだが、今年はこの一年草の成育が遅く、まだ虫が入ってない。近くの農家に行って堆肥(たいひ)を掘ってミミズを手に入れた。

こういう手間を省くために、東京からミミズを二箱買って持ってきたのだが、箱をあけてみたら一匹もいなくなっていた。飛行機の貨物室にいる間に逃げだしたらしい。今頃は誰かの荷物の中で、干からびてスパゲティのようになっているのであろう。

田中さんの友人の岩本さんが車で釣りに誘いにきた。

倶知安の街から一五分でワイスホルン(一〇三七m)の山中だ。車を捨てて、クマザサの中の小径をちょっと歩くと目的の沢に着く。

金色の花をつけたヤチブキの群落があちこちに見える湿地の中を幅一mくらいの流れが高らかに音をたてていた。

石の下の流れが淀(よど)んだところにそっと上流からハリを落しこむ。途端にぐっと来た。ドタドタという手応えで上ってきたのは二五cmのオショロコマである。

この魚は初めてだったので、しばらく手に握っていじりまわす。外国に行くと、そこの女を抱いて初めてその国を理解したと感じる人がいるように、ぼくはその川の魚を手で触って、初めて「ワカッタ」という気持ちになる。岩本さんは良いポイントはぼくに譲ってくれた。

「ここには二匹いますよ」

と彼がいうと、本当に二匹釣れた。

三〇cm以上の水深のあるところ、水草がかぶさって陰をつくっているところ、流れがゆるくなったところには必ずいた。みんなオショロコマだ。一〇〇mも行かぬうちにわれわれは三〇匹程釣っていた。

この魚が鈍感で、非常に釣りやすいこと。一〇匹いれば一〇匹全部釣れること。かかると余り暴れずもったりと上ってくるので釣り味は他の魚に劣ること。ドジョウのようにひょろ長く、腹に赤い斑点があり、皮膚はやや蛇に似ていて、掴んでも滑らないこと等が判った。

「ヤマメなんかに較べると、厚化粧した女みたいでしょ。他の川にヤマメ釣りに行って釣れなかった時はここでそいつを釣って釣り欲をなだめるんです」

今日はこのくらいでいいでしょう、と竿を収める。この余裕、自主規制が見事である。憎いね。確かにこれ以上釣っても始末に困るだけだ。

車に戻る途中、彼はちょっと腰をこごめ、ウドと人差指程のタケノコをとってビクに入れた。優雅な釣行である。

われわれが山中にいたのは一時間くらいであった。岩本さんは家に魚を置くと、勤務先の学校に戻っていった。彼は教師で、二、三時間学校をサボッてぼくに付き合ってくれたのである。

その夜、彼の家で、ウドの酢づけ、タケノコメシ、オショロコマの塩焼きとフライを食べた。

新聞にはタケノコとりに山に入った人が行方不明になった、という記事が毎日載っている。

ここでタケノコというのはクマザサ(正確にはチシマザサ)のタケノコのことだ。ササの中をかきわけて入ると、いくらでもとれる。夢中になって奥に行くと二m以上もあるササやフキの中で方角が判らなくなる。

ぼくもせっせとフキとタケノコをとった。フキはロープで縛って川に浸け、タケノコは煮てアクを抜く。あとはミソ汁の中に入れるだけで良い。

内地の感覚から見れば、尻別川くらいの大きな川で水がこれだけ美しいのは大変珍しい。土地の釣り師はいう。

「サロベツ原野や釧路湿原のイトウは泥臭く、体色が茶がかっている。その点、尻別川のイトウは水がいいから、銀ピカで味が良い」

春先、産卵のためにイトウは川から細い流れに入る。川の水が減っているので、発見しやすい。これをヤスで突いて獲る。この川には漁業組合がないから、産卵期の魚の捕獲に禁止令がない。

オス、メスの二匹連れでいるイトウのメスを先に獲ると、オスはじっとその場を動かず、メスの帰りを待つ。だから、メスのイトウを獲ったという情報を耳にするや、川の近くの男たちは、おっとり刀で現場に駆けつけ、メスを待ちわびるオスを獲ってしまう。逆に、オスが先に獲られると、メスはさっさと逃げ出す。

人々はいうのだ。

「メスの方がやっぱり薄情にできとる」

午前三時半、空が東の方から明けてきはじめると、テントの上の樹でカッコウが名前通りの鳴き声をくり返す。

北海道の農夫は「カッコウが鳴いたら、畑に種を蒔(ま)いてもいい」という。この鳥の「初鳴日(しょめいび)」はだいたい五月下旬。その頃は霜の心配がなくなるのだ。今年は遅くまで霜が降り、霜避(よ)けにタイヤを燃して煙を畑の上空に張るなど、余計な仕事が増えて大変だった。

いつもなら、アカシアの花が咲き、ビールが美味(うま)くなる初夏だが、今年はアカシアもまだ咲かず、人々の挨拶は「寒いね」である。

出発しようとすると、雨が降ったり、川下から強い向い風が吹いたり、で長逗留(ながとうりゅう)になった。

雨の日はテントの中で横になって本を読むのだが、これが意外に楽しいのだ。手の届くところに必要なものをすべて置く。酒と本、ヘッドランプと電池、それにチーズさえあれば何日雨に降りこめられても平気だ。

ある夕方、フネで対岸の岩場に渡って、竿を出した。ウグイが邪魔をしたが、それでもヤマメ、アメマスが一〇匹程釣れた。中に二〇㎝くらいのヤマメに似た歯の鋭いやつがいて、それがイトウであった。小さくても一匹は一匹である。

六日目(倶知安―ニセコ24㎞) 原始の川を行く

午前三時起床。四時に出発。追い風なので余り漕がずに進んだ。霧がかかって前方がよく見えない。日本の川は九九パーセントが昔は川舟が上下した川だ。そんな川には人間が舟の通り道を作った跡が残っている。

浅い流れや難所の瀬には一ヵ所、深く掘り下げて舟道を作った。その舟道も大雨の後では土砂で埋り、浅くなる。船頭たちはその都度、川に入って岩を除き、砂をかき上げる作業をしたのである。

ぼくも一年に何回も下るような川では、浅瀬の石や岩を転がして(岩の前の砂を少し掘ってやるとかなり大きな石でもすぐに転がる)フネの通り道を作っている。そんな川が二、三ある。

尻別川はこれまで人が交通や運輸手段として使ったことのない川だ。川に急流が多くて、フネが安全に航行できないこと、流域に川運を発達させるだけの人口密集地がなかったことが原因である。

川は原始そのままの形で荒れた。岩が無数に突き出し、激しい流れを受けて壮絶なしぶきをあげている。勾配が大きく、流量が多く、そして障害物の多い川だ。三級から五級の瀬が続いた。このくらいの瀬になるとフネが岩に当る時の衝撃が強い。

流れの中にある隠れ岩をかわし切れずに当ると、ビシッと鋭く、短かい音が舟底から伝わり、胆が縮む。底のどこかがやられたのだ。

小さなダムを二つ越える。まわりは原生林で、岸に上れないので、ダムサイトの上をゆっくりフネを抱え、押したり引いたりしながら、下に降ろす。取水口に水の大半が流れこむので、ダムサイトの下はしばらく川が細った。

川の両側の山はクマザサと雑木林で川からは逃げ出せない。

この日四つのダムを越えた。その一つは二段に流れるダムで、そこを通るのに一時間かかった。ニセコの堰堤の下、真狩川の流れこみに着いたのは夕方七時だった。日が長いのが有難い。テントを張って、チーズを噛り、ウイスキーを少し飲んだところでこの日の体力が尽きた。濡れた服のままテントに入り、泥のように眠る。

七日目(ニセコ停泊)　川旅中の食事のメニュー

終日、何もせず、ぼんやりと過す。

曇天。寒し。

悪天候にも取り柄はある。テントが陽にあぶられて暑くならないから、中でゆっくり昼寝ができることだ。

川旅中の食事は「死なない程度に食べる」といったものだ。

三度三度きちんと食事を作ることも時にはあるが、それは余程、何もすることがなくて暇な時である。普通はラーメンにチーズ、バター、クラッカーが常備食で、その都度手近にあるものをぶちこんで腹に入れる。

飯盒で米飯を炊く、というのはとても手間と時間がかかるものだ。それを一日に三度やったら、一日中、食事にかかりっきりでいなければならないことに気づいて止めた。旧日本軍が戦争に負けたのは、野戦でも飯盒メシを食べていたからである、という説はもっともだと思う。米飯の食事の後かたづけ、食器洗いの煩雑さは言語道断である。

一日遊ぶことで忙しいから、食事を作り、食べ、片づける時間は可能な限り節約する。

時々、まともな食事がしたくなった時は町に行って食堂に入る。

魚はヤマメ、イワナ、アユ、マスは焼くだけで食えるから積極的に獲る。コイは暇な時はミソ汁に入れてコイコクにする。フナ、オイカワ、ウグイは生臭いし、料理に手間がかかるから川に戻す。

川旅中の食生活はこんなものである。

八日目（ニセコ―昆布9㎞）　川原でフネの修理

水が少ないので、川に浮かべたフネを曳いて下る。

昨日破れた舟底をガムテープで応急手当をしたのだが、他の個所から浸水してきた。

再びフネを岸に上げ、時間をかけて穴をふさいだ。

浅い急流が続くので、何度も降りて、フネにつけたロープを持ちフネを流しながら、岸を歩く。

川原でクマの糞を見た。

発電所で使った水が川に戻り、深くなったと思ったらすぐにダムだった。ここで水は完全に導水管に入ってしまい、一滴の水も堰堤を越えていない。乾いた川床いっぱいに数千匹のウグイが死んで、川が白くなっていた。

川原でフネを裏返し、修理をする。ビニール用接着剤で小さく切った補修布を貼(は)りつけた。

ここからしばらくは川に水がないので、フネをたたんで収納バッグに入れて背負う。手に他の荷物を入れたバックパックを持って、石ころの多い川床を歩いた。

両岸は密林で川から上れない。

二時間後、昆布川の流れに着く。川はここから再び漕行可能になる。

昆布の町に酒の買い出し。どんな田舎にも酒屋だけは立派なのがあるのに感心する。それとモーテル。北海道の原野を感心して眺めていると、突如としてお城が現れ、☆印のネオンがついていて、がっかりさせられる。


九日目（昆布——名駒(なこま)17㎞）　六月の晴れた日の清々しさは……

町で何か農業祭のようなものをやっていた。

「牛乳をたくさん飲みましょう」という垂れ幕の下では、大きな牛乳カンを置いて、通りがかりの人に無理矢理飲ませている。

北海道では牛乳がダブついてきて、何とか消費量を多くしようと懸命なのだ。

見ていると、農家の人は牛乳を飲まない。ただし、牛乳にウイスキーをごぼごぼと注いだ「牛乳のウイスキー割り」は喜んで口にするようであった。

一人のおっさんがいった。

「そのよ、牛乳は入れなくていいからよ、ウイスキーだけ注いでくれよ、な」


出発。川に水がある、という当然のことがフネを漕ぐ身には有難い。

二日続きの快晴。

北海道の六月の晴れた日の清々しさは喩(たと)えようがない。

陽光に映える川岸の緑と空の青のコントラスト。眼の前にそびえるニセコ連山。その主峰のニセコアンヌプリ(一三〇八m)はまだ山頂や山ひだに雪を残したままだ。

気温が上ったので川岸のネコヤナギの花穂(かすい)がいっせいに綿毛を散らし、朝から空いっぱいに白い毛が浮遊している。

蚊や虫もまた一挙に孵化(ふか)したのか、ちょっとフネをとめると、わっと体に群がってくる。

また、ダム越え。荷を積んだまま五〇kg近いフネを一人で持ち上げてダムを越えるのはかなり辛い仕事だが、何度もやっているうちに上手になり、体が慣れてしまった。

ひと休みして、岸に上ってみる。遠くの山の中に、一軒の家が見えた。

水を貰いにその家に行く。水は口実で、家の人と話をしたいのである。

三〇分程歩いて家の近くまで来ると、ぼくが近づくのをじっと見ていた五、六歳の男の子が家に駈けこんで叫ぶのがきこえた。

「大変だ。父ちゃん。人が来た」

五〇歳くらいの男が出てきて、ここに人が訪ねてきたのは一年振りだといった。幹線道路まで遠いので、新聞も郵便も自分でとりに行かねばならない。トラックが帰ってきて、奥さんが運転台から降りる。ズボンに長ぐつという、実用一点張りの服装で、颯爽（さっそう）としている。北海道では女性も男と同じように働くのである。離婚率が日本で一番高い、というのも判る。ダメな亭主に我慢する必要はないのであろう。半農半酪の家だった。今年はジャガイモが霜でダメになったと話す。

奥さんがお茶を出してくれ、意外にも加藤登紀子のカセットテープを回した。

こんな山中の家で音楽をきこうとは思ってもいなかったので、不意を打たれ、ひどく感動した。

子供がぼくの顔から目をそらさずみつめている。

「ヒゲの人を初めてみるんですよ」

と母親がいった。

最後のダム越え。川はやっと安定した流れになる。両岸は相変らず原生林で、人家はない。

名駒の鮎川の流れこみで泊る。

夕方、テントの前で釣っていた男が五〇cmの川マスをあげた。夜、その人と近くの小川にヤツメウナギを獲りに行く。

大きなライトを照らして、五四、一〇匹と群れて海から上ってくるヤツメウナギを手製のフックでひっかけたり、軍手をはめた手で掴むのである。ずんぐりしており、四〇cm大のもので、胴の太さが直径五cmもある。

普通のウナギに較べると滑らないので掴みやすい。要領さえ判れば、ヒラヒラと上ってくるやつを手で掴んだ方がずっと早い。側で見ていると、水中からウナギをただ拾っているように見える。その夜、二時間でバケツ一杯のヤツメウナギを獲った。

カバヤキにすると、脂っこく、匂いがきついがまあまあ食べられる。

一〇日目(名駒停泊)　暗闇も慣れれば夜眼が利く

北海道でキャンプする時は、食料をテントの外に置かないようにする必要がある。昼間はカラス、夜間はキツネにとられるからだ。うっかりテントの外に置いた食料をハシブトガラスにやられた。川岸の木の枝にずらりとカラスの巣がある。石を投げると十数羽のカラスが襲いかかってきた。

屋外の生活というのは太陽や風雨に非常に左右される。朝、風の強い間はセーターにジャンパーを着こみ、陽が出るとシャツ一枚になり、陽が高くなると裸になり、真上にくると川の中に入って体を冷やし、夕方気温が下がると、また一枚ずつ着ていく。一日中着たり脱いだりしている。

風の中で生活する習慣がつくと、いつも体の周りの空気が動いていないと気分が悪い。

家の中の淀んだ空気が耐えられない。

暗闇に慣れて、夜間少し見えるようになってきた。以前、天塩川を一ヵ月かけて下った時など、夜眼が利くようになって、闇夜の道で一五円拾ったものである。

強い風が雲を吹き払うと、きれいな満月が出た。

月光の下の川と森。

一一日目（名駒—港町14km）海へ

テントを撤収して、佐藤カメラマンを待つ。

二人で川原で食事をして、出発。

海へ。

蛇行（だこう）をくり返しつつ、川は最後に堂々たる流れになった。岸で絵を描いていた小学生をフネに乗せて遊ぶ。

港町という名の河口。流れに押し出されるように海に出た。尻別川の旅は小さな漁村で終る。

カモメの群が、岩の上でひとしきり騒いだ。

北上川（きたかみがわ）

まだ澄んだ流れと人情が残るみちのくの大河

北上川を遡上する川舟。（撮影：渡辺正和）

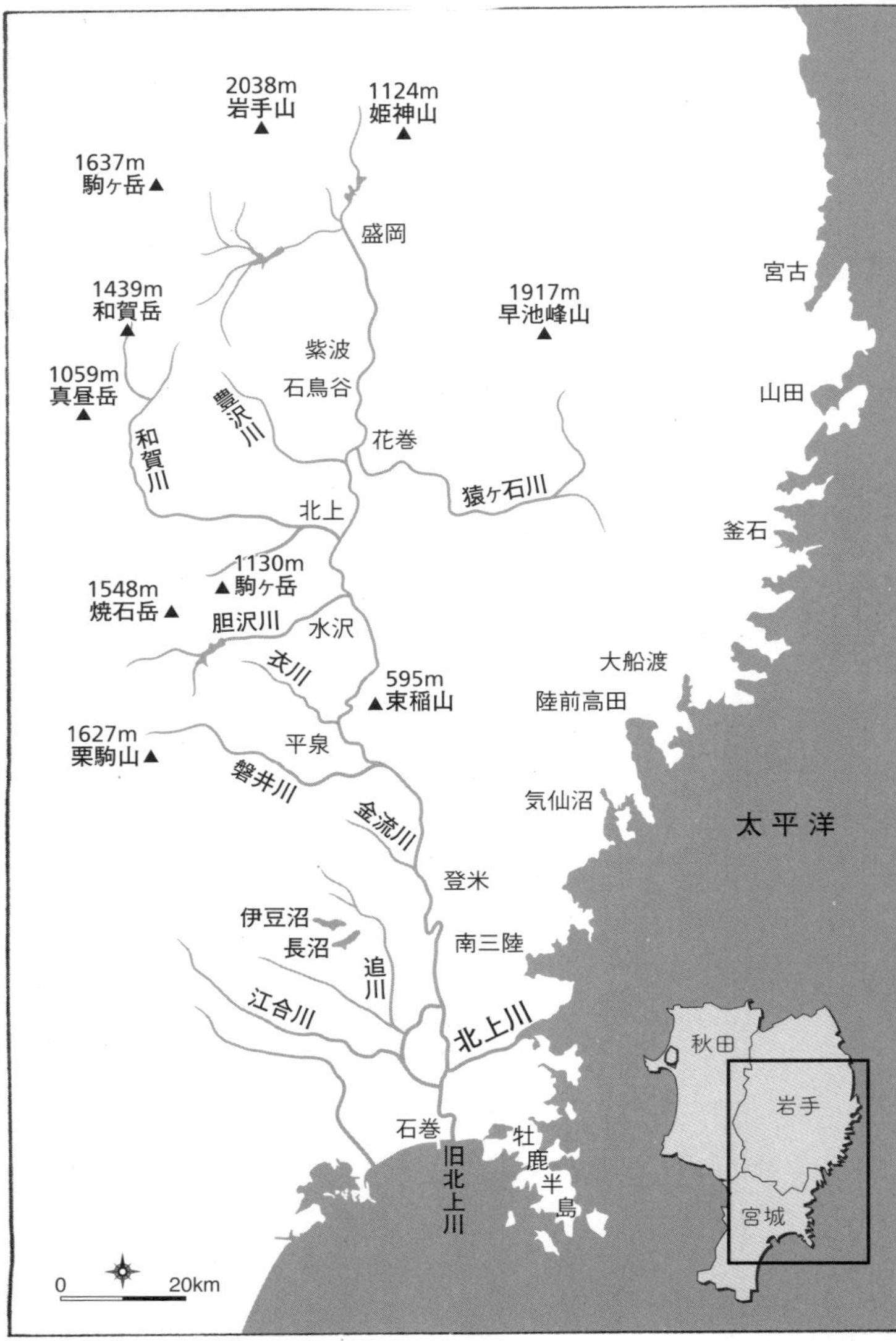
2038m
岩手山
1124m
姫神山
1637m
駒ヶ岳
盛岡
宮古
1439m
和賀岳
1917m
早池峰山
紫波
石鳥谷
1059m
真昼岳
山田
豊沢川
和賀川
花巻
猿ヶ石川
北上
釜石
1130m
駒ヶ岳
1548m
焼石岳
胆沢川
水沢
大船渡
衣川
595m
東稲山
陸前高田
1627m
栗駒山
平泉
磐井川
金流川
気仙沼
太平洋
登米
伊豆沼
長沼
南三陸
追川
江合川
北上川
秋田
岩手
石巻
旧北上川
牡鹿半島
宮城
0
20km

雨ニモ負ケル、風ニモ負ケル

盛岡駅で汽車を降りると川の匂いがした。

すぐ目の前に北上川があり、駅の背後には雫石川、市内中心を中津川が流れている。

盛岡市は水の都だ。

市街地の中を流れる川で竿を振っている人のビクをのぞくとヤマメが数匹入っていた。

さすがに北国の都は自然が濃厚だ。この二〇万都市の真中を流れる川でヤマメが釣れるのである。

一日目(盛岡―寺沢22km) カモと一緒に流れを下る

盛岡駅からタクシーで五分、三〇〇円の距離にある明治橋まで行き、そこで出発の準備をした。橋の上に人だかりができる。

北上川は岩手県北部の西岳に源を発し、岩手、宮城二県にわたって流れ、全長二四九km、日本で五番目に長い川だ。

出発点の明治橋から河口まで一九〇km。本当はもっと上流の石川啄木ゆかりの渋民村あたりから漕ぎたかったが、途中に大きな四十四田ダムがあるので断念した。

明治橋は昔、北上川の舟運が盛んだった頃、下流から来た舟の終着点で、当時は「新山河岸(しんざんがし)」と呼ばれ、大きな蔵が建ち並んでいたところだ。

組み立てたカヌーの前後の空間に防水袋に入れた荷物を押しこむ。

出発。川幅は約一五〇m。昼休み中の中学校の横を通る。川に面した校庭や土手にたむろしている数百人の生徒がワーッと声をあげて手を振った。こんな時の観衆というのは内心カヌーが転覆するのを期待しているのであって、必ずしも善意の見物人ではない。以前、女学校の側の川で女の子たちに手を振って返し、良い気になってよそ見をしていて、岩にフネをぶっつけて沈んだことがある。その時、彼女たちは手を叩いて喜んだものだ。

視界の半分を青く澄んだ九月の空が占め、川も空を映して青く、舟べりに魚が跳ね、頭上には鳥が舞う。こんな時の北上川は悪くない。フネに驚いて、岸辺の茂みからカモが数羽、数十羽と群れて飛び立つ。

数百メートルおきに一、二級の瀬がある。

淵でコイ釣りの竿を立てている釣り人たち。

「どこまで行くの?」

「石巻まで」

「気をつけてな」

こんな挨拶が一日に何回となくくり返された。関東の川では人心とげとげしく、釣り人とこんな友好的な交流はない。お互いに無視か、

「こら、あっちへ行け」

といった荒っぽいものだ。

北上川は鳥の多い川だ。バードウォッチングの好きな人なら、絶えずとび出してくる鳥で一日に二、三㎞しか進めまい。

ある長い瀬に入る前に、三羽のカモが水面に舞い降りてきて、カヌーのすぐ横に並んだ。川が白く波立ち始め、流れが早くなると彼等はキャッキャッとはしゃぎ、瀬が終ると、ああ面白かった、といった風情で飛び立っていった。その様子は遊園地の乗物で遊ぶ子供とそっくりで、明らかにあのカモたちは急流下りで「遊んだ」のだ。

初日は早めに切り上げて上陸。小さな支流の流れこみにテントを張る。ウグイを三〇匹程釣る。ヤマメが二匹かかった。

暮れなずむ北上川の上空を何組もの鳥がV字型の編隊を作って飛んでいく。

日が落ちると急に寒くなった。流木を集めて焚火を起し、火の中にジャガイモを放りこんでウイスキーを飲む。

月が出て川原を白々と照らす。

二日目（寺沢―関口9㎞）　おれはカヌーわらしである

五時起床。夜明けから六時頃までの川の風景は、自然の最も美しい表情の一つであろう。明るくなるにつれて川の上一面にかかった霧が動き、鳥や魚がいっせいに活動を始める。露に湿った重い朝の空気の中で、寒さに身震いしながら火を起し、熱いコーヒーを啜(すす)る。近くの水面に鳥が次々に急降下している。

川の五、六m上にホバリングしてピタリと停止した鳥は、次の瞬間、約六〇度の角度で川につっこむ。水に落ちて二、三秒後、口にピチピチと暴れる魚をくわえて、すっと飛び上って来る。

朝食はチーズ入りのラーメン。テントをたたんで出発。

北上川は北から南に向ってほぼ一直線に流れる。だから、この川を下る時は一日中前方に太陽があり、それに向って漕ぐことになる。

日本で上位一〇位に入る大河の中では北上川は水が美しい川に入る。東北には他に最上(もがみ)川や阿武隈(あぶくま)川があるが、これらの川はドブ川である。流域の廃水、下水をそのまま川に垂れ流しているためだ。北上川の水がきれいなのは、人口の少ない山間部や過疎地を流れる支流が数多く流れこんで本流の濁りを希釈しているからだ。

裏庭がそのままだらだらと坂になって川に続いた家。その縁側に座って婆さんがお茶を飲んでいた。マンジュウにパクリと噛(か)みついた時にちょうど川の上のぼくと視線が合って娘のようにテレる。南部

鉄瓶（てつびん）を叩いたようなカン高い声で、

「ちょっと上っておいで」

と手招きした。

フネを着けて上り、掌くらいの大きなソーダマンジュウとお茶をご馳走になる。

田舎で楽しいのは、都会では小さくなっている老人たちが、ここでは元気で威張っていることだ。

この婆さんも大変威勢がいい。

彼女の使う土地の言葉をぼくが判らないでいると、孫の小学生の男の子に、

「ホレ、何だべ」

と通訳を催促する。すると、その子が教科書を読むような調子で、

「……という意味です」

といちいち翻訳した。

こうして話してみると、標準語というものがいかに気持ちのこもらない、情の薄い、機械のような言葉であるかを痛感させられる。

婆さんは黒光りのする縁側に座って、毎日川を眺めて暮しているのである。

「川の近くだと色々便利でしょう。眺めもいいですね」

「んだ。昔はみんな川の水を使ったんだ。井戸を持っていたのは金持ちだけさ。私ら子供の頃は朝起きて川の水を汲（く）むのが仕事だった。朝の水は澄んでいるから、それを飲み水にした。だから、上流（かみ）で

伝染病が流行ると、すぐに下流の者も病気になってな」

この前の洪水では田んぼが半分やられた。まあ、うちは息子が勤めに出ているから何とかなるけど。それより、あんた、田に入ってきたこ～んな大きなコイを獲ったよ。一m以上はあってな。近所の者を招んで食べたが、食べきれなかった――。

洪水にも楽しいことはあるのだ。兼業農家の気楽さである。

孫の男の子は上流からやって来た流れ者のぼくに強い関心を示し、質問攻めにする。

「おれか？　ウーム、おれはな、カヌーわらしよ！」

「ヒエーッ」

少年は胸を押えてぶっ倒れるまねをし、婆さんが歯の抜けた口を開けて、ワッハッハと笑った。


今日も余り進まず。稗貫川の流れこむ淵の横にテントを張る。暗くなると淵で魚がしきりに跳ねだした。ポチャンなんてもんじゃなく、大物のドッボンという腹にこたえる音で、この音にコーフンしないやつはインポであろう。

リール竿を出して仕度をしていると、手ぬぐいではち巻きをし、釣り竿を数本持った男が、

「ああ忙し、忙し」

と呟きつつやって来た。一緒に竿を並べて夜釣りをする。この人は土手の向うの農家の男で、毎晩ここに来ている。今は農繁期で、寝不足になるので止めようと思うのだが、来れば釣れるし、釣れ

たら翌日また来たくなる、で止められなくなって困る。一匹も釣れなければ次の日から安心して来ないのだが、いつもとても釣れるからとめどがない。家の者は怒るし、オラも疲れるから本当に止めるべ、と思うんだが……

といっているうちに、彼の竿先の鈴がチリチリと鳴り、五〇cm大のコイがバタバタと上がって来た。

「ホラな。こうして釣れっからまた来なくちゃなんねんだ。嫌ンた、嫌ンた」

彼は釣りあげた魚を前にして、ホトホト困った様子で溜息をついた。

こうして釣りばかりやって、のんきに見えるだろうが、頭の中は借金のことでいっぱいだ。田を四町持っていて、このあたりじゃ中の上の百姓だが、このくらいの規模の専業農家が一番苦しい。みんな数百万円の借金をしている。農機具の代金だ。機械を使えば体は楽になるが、田の収穫がそれで増える訳ではない。一年の収入は決まっているし、米価は少しも上らない。都会の人がパンやめん類を食べるので米の消費が少ない。そもそも、あの米が炊くと二倍に増えるってのがいけない。炊くと半分になる米ってのができないもんだろうか。ところで、あんたは毎日米を食べてる?――

夜が更けて遅い月が出ると、男は「コワイ、コワイ」といいつつ引きあげて行った。コワイとは疲れたという土地の言葉だ。

三日目(関口―猿ヶ石川河口25㎞)　南部は〝夜這い〟の元祖か

川旅中の洗濯はビニール袋の中に汚れ物、粉石鹸、水を入れて口を縛り、一日放っておく。あとはフネに揺られてきれいになったやつを川の中で踏み、すすぐだけでいい。今日は洗ったものを結んだ竹竿をフネに立てて漕いだ。自分では軍艦旗がはためいているようで、勇壮な気分であったが、岸から見れば河原乞食の移動と映ったかも知れない。

花巻の少し手前の右岸に「イギリス海岸」の立札がある。白亜質のつるりとした土手がドーバー海峡から見るイギリスに似ているというので、宮沢賢治がつけたものらしいが、そんな外国の名のついた名所よりも、対岸の支流の出口の静かな風景に心惹かれた。猿ヶ石川である。一〇〇m程フネを入れてみると清冽な水を通して玉砂利の川底が見え、川は魚で充満していた。魚群を蹴ちらしつつ、約三〇分川を遡り、草の上に荷物を下ろす。北上川で最良のキャンプ地だ。

藻草の中に追いこんだウグイを手掴みにする。水中眼鏡をつけて潜り、岩の下にいたコイをモリで仕止めた。

コイはミソ汁の中に入れると生臭さが消えて美味い。コイコクにして、フキを採ってフキメシも作る。

食後、盛岡で買った「みちのく実話。夜這い物語」を読む。この本によると、北上川流域こそ夜這いの「本家」だとある。夜這いにもラーメンのように「本家」とか「元祖」とかいうものがあるらしい。夜這い文化の発達は何といっても家の造りに負うところが多い。「南部の曲り家」は外から忍びこんだり、見つかった時逃げ出したりするのに便利にできている、とある。

ぼくのテントは簡単に侵入できるから、これは余程気をつけなければいけない、などと考えていると、どこからともなく、一人の爺さんが現れた。

全然似合わない背広と帽子といういで立ちで、手に折りを下げている。結婚式に招ばれた帰りで、焚火を見て寄ってみたという。「まあ、いっぱいどうですか」と、とっておきのブランデーをすすめた。

アルコールが入ると、爺さんは饒舌（じょうぜつ）になり、行きずりのぼくにしきりに愚痴をこぼした。苦労して東京の大学を出した一人息子がいる。東京で嫁を貰い、今年村に帰って来た。村にもいくつかの企業が入って来て、そこに勤めることになったのだ。一緒に住めると喜んでいたら、息子夫婦はさっさと村営住宅に入ってしまった。女房は死んだし、広い家に一人で淋しい——

過疎対策の一つとして、流域の町村では若者の定着をねらって、都会風マイホーム型の住宅を建てて、安い家賃で貸しているが(三LDKで約一万円)これが親たちの怨みの的になっている。

ボトルが空になると、爺さんは上体を九〇度に折りまげて深々とお辞儀をし、フラフラと夜の闇に消えた。


四日目(猿ヶ石川—金ヶ崎28㎞)　五日目(金ヶ崎—水沢6㎞)　「禁止」の多い川

午前中フネの手入れ。「女房とカヌーは新しいほど良い」という格言に反して、この一人艇は一〇年目になる。さすがに少しガタが来て、そろそろ部品を替える必要がある。昨日漕行（そうこう）中、岩に当ってポッキリ折れた舷側（げんそく）の木骨を応急手当てする。柳の木を切って削り、副木（そえぎ）にして針金でギリギリ縛った。

出発前、川に入って泳いでいると、対岸にジープが来て、スピーカーで怒鳴った。

「そこで泳いでいる者、ただちに中止せよ」

見ると「建設省、河川パトロール」と車の横腹に書いてある。

全く要らぬお世話で、「ウルセイ！」としかいいようがない。近くにやって来たら川に放りこんでやろうと待っていたが、向うに行ってしまった。

気をつけてみると北上川は「禁止」の立札だらけだ。「遊泳禁止、建設省」「焚火禁止、建設省」

後日、釣り師に向って、河川パトロールの車が「そこの土手から下りろ」とマイクで怒鳴っているのを目撃した。何か、やたらと建設省の木ッ葉役人が威張っているのが北上川である。ぼくの友人でこの川を下っている時、同じ手合いから「誰の許可を得て川を下っているのか」とやられた人がいる。

川は天下の公道と同じで、許可など要らない。焚火や泳ぎを「禁止」する権限は建設省にはない筈で、彼等は何か役目を勘違いしているのではないか。

午後出発。北上市下の和賀（わが）川の合流点あたりから、北上川は大河の様相を見せ始める。

川幅はますます広く、流れや波が強く複雑になる。岸につないだ川舟にモーター付きが目立つのも、川が人力では手に負えなくなっているからだ。

笹長根の付近で川はいきなり強烈な悪臭に包まれた。パルプ工場の廃液が流れこんでいるのである。

川の水はどす黒くなり、白い泡（あわ）が立ち息がつまる。この夜、金ヶ崎の岸にテントを張ったが、水が臭くて、炊事も水浴もできなかった。この廃液の悪臭は四〇km下流の一関あたりまで続く。

あの河川パトロールはこんな大がかりな川の汚染には何もいわないのだろうか。無力な市民の小さな楽しみにいちゃもんをつけ、弱い者いじめをしているといわれても仕方がなかろう。

こんな川にも竿を出している人がいた。人間はどんな劣悪な環境にも適応し得る、鈍感になれる、という好例だ。

「あのパルプ工場はここでは唯一の大企業でね。このあたりではそこで働いている人が多いんです。だから文句がいえないんですよ。廃液で魚がひん曲ったのが多くなった、と釣り人はブツブツいっていますがね」

水沢を過ぎたところで船尾に屋根つきの囲いを持った渡し舟を見る。のぞきこむと、誰も居ず、中にはコンロ、マホービン、弁当箱、手鏡、大根のオロシ金、岩手新聞などが雑然。

久し振りに新聞を読む。ぼくがシャバをちょっと留守にしている間に、わが不滅の巨人軍が負け続けているのを知って愕然(がくぜん)とする。

渡し舟のおっさんが竿を手に釣ったアユを下げて戻って来た。

一日に客は一〇人前後、通学の子供と田に通う農夫を運ぶ。渡し賃はタダ。彼は市から月給を貰っている。

渡し舟の仕掛けが面白かった。船首と船尾からロープを出して、川を渡したワイヤーに滑車でつないである。渡る時はロープの操作で川上に船首をななめに向ける。舟の横腹に当る水流の力が対岸に舟を押し進める。船頭は接岸と離岸の時以外は何もしなくてもいいのである。

二〇年程前までは、渡しは各村の管理で、田畑などの財産を持たない者が渡し守になった。彼等は年に二回、麦と米の収穫時に村の家を一軒一軒回って現物給付を受け、それで生活をしていた。流域の農家では農耕馬が多かったので、「馬渡し」という普通の舟よりずっと大型のものを使っていたという。

――この仕事は暇で一日中釣りができるし、誰にも気兼ねしなくていいから気に入っている。もう少しして、稲刈りのシーズンになるとカワガニに身が入って美味くなる。来年は近くに橋ができるのでこの渡しも廃止だ。新しい仕事を見つけなくちゃならない。

渡し守はお茶を出してくれ、そんな話をした。

いま、北上川流域は東北新幹線開設に伴う道路、鉄橋の建設で活気がみなぎっている。架設中の橋の下をいくつもくぐって通った。川の大きな景色の中で、それらの巨大な人工建造物は不思議に良く似合った。

六日目(水沢―衣川21㎞)　一飯の義理

秋の日本の田舎の川はどこに行っても祭りの笛と太鼓の音がついて回る。岸に上ると黄色くなった田に囲まれた鎮守の森に、祭りののぼりが何本も立ってはためいている。

川には相変らずカモが多い。今度来る時はネギをたくさん持って来よう。カモは害鳥だ、とこのあたりの農民はいう。田植え時、カエルを追って田に入ったカモは、足が短いので腹をひきずって回り、植えたばかりの苗を押しつぶしてしまう。秋には稲の穂をしごいて食べる。ドジョウを大きなハリと糸につけて、岸から流しておくと、よくカモが釣れるそうだ。

川下からの向い風が強く、難航する。昔、北上川を遡上した船はこの風を帆に受けたのであろう。江戸時代、盛岡―石巻間を約二〇〇隻の船が往復し、川沿いに四〇の河港があった。船は上流の盛岡―北上市間は吃水の浅い小型の船で、下流の北上―石巻間は大型船で運び、北上市で荷の積み替えをした。小型船が米一二〇俵、大型船が四〇〇俵を積んだ。積み荷は行き(下り)が米、帰り(上り)が塩、古着、日用雑貨である。上りは風のある時のみ帆走し、無風の時は五人で綱を引いて上った。流れの強いところでは馬で引くこともあった。

船の底の方に積んだ俵はどうしても水に濡れる。濡れた米はふくらむから、その分だけ抜いて売りとばすのが船頭たちの楽しみだったという。

当時の記録を見ると、盛岡―北上間約五〇kmを半日で、そこから石巻まで一四〇kmを三日で下るのが標準行程である。半日を五時間として時速一〇kmの流速だ。現在、北上川の流れは盛岡周辺で時速五、六km。それより下流は更にゆっくり流れる。この数字で考えると当時の北上川は今よりずっと流れが早かったと思われる。昔の小型船の吃水の深さが一尺五寸(約四五cm)だ。ぼくのフネの吃水が二五cmで、川の最深部を厳選して通りながら、それでも十数ヵ所で岩の川床に舟底をガリガリとこすった。水深、流量も昔の方があったようだ。

どこからか、美味そうな匂いが漂って来た。

川の上のぼくに川原から声がかかる。

「おーい。こっちさ来!」

一〇人程の青年男女が「イモ煮」をやっているところであった。東北独特のもので、大きなナベにサトイモ、野菜、キノコ、肉等を入れてやる野外料理である。さる村の青年団のピクニックだという。

仲間に入って、一緒に食べた。良い気分でくつろいでいると、中の一人がつまらないことを想い出し、

「この間、テレビでカヌーが水の中をぐるぐると回るのを見た」

といった。エスキモーロールのことをいっているのだ。

一飯の義理だ。少し水が冷たいが仕方がない。荷物をくくりつけたまま、ロールをして見せる。飯盒、カンテラ、靴などが「ガチャガチャザバーッ」と賑やかな音を立て、何とも生活感のあふれるエスキモーロールだ。

「面白え、面白え、もう一回」

水に入るのが他人だから気楽なものだ。ほれ、もう一回。ガチャン、ガチャン。

これに感銘を受けたのか、ぼくにえらく親切な娘がいた。イモを山のように皿にとってくれ、食えとしきりにすすめる。流し眼でぼくを見て(仲々色っぽかった)一緒に川を下ったら、どんなに楽しいでしょう、という意味のことをいった。こういう太目の女性に乗りこまれたりすると、ぼくの小さなフネはぶくぶくと沈んでしまうから、大変惜しかったが別れを告げた。

「ネエさん、あっしのような流れモンに惚れちゃあいけません」といってきかせると、女はハラハラと涙を流した、といったようなことは全然なかった。

酒を飲んだので、フネが直進せずくねくねと蛇行する。

雨が降り出した。雨の北上川も大変趣きがある、といいたいが、これは負け惜しみであって、秋の北国の雨は気が滅入る。更に強い向い風が出て、波頭のしぶきを顔に吹きつける。雨にも風にも負けずにいたいが、意気上らず。支流の衣川の狭い水路に逃げこむ。一km漕いで遡り、弁慶が立往生をしたという橋の下に着岸。雨の中でテントを張り、冷えた体をウイスキーで暖め、すぐ寝た。

雨ニモ負ケル、風ニモ負ケル
アチラノ娘ガ来イトイエバ　オロオロ行キ
コチラノ婆サンガ来トイエバ　ヨロヨロ行キ
天気ガ良イト言ッテハ飲ミ
天気ガ悪イト言ッテモ飲ミ
毎日　沢山ノオ酒ヲ飲ミ
ソシテ　今日モ酔ッパラッテ寝ル
君ハ　コンナ人ニナッテハイケナイ

七日目(衣川停泊)　水害も喉もと過ぎれば

明け方雨降り止む。

衣川の瀬には良く洗った砂利を撒いてアユが産卵に来るようにした場所が何ヵ所かある。

早朝、アユを獲りに一人の男が来た。もっと上流に行くとヤマメ、イワナが多いのだがクマが出るので危くて行けない、という。数年前、里に出たクマを退治に行った衣川村の猟師が逆にやられて、片眼を失った、という話をする。

北上川も水害の多い川だ。水害のあった年に冷害も重なることがしょっちゅうで、昔はすぐに凶作、飢饉(ききん)とつながった。昭和二二、二三年に連続して来たカスリン、アイオン台風は北上川史上最大の被害をもたらしている。

流域の人々は自分の生涯を語る時に、必ずこの片仮名の台風の名を入れる。前日見た新聞では、「敬老の日」のどこかの町長の挨拶にも「カスリン、アイオンの災害を乗りこえられ」とあった。

今年の八月の水害も大きかった。川を下っていると、水面から四、五mもある木の枝にゴミが引っかかっているし、川岸の森の中を歩くと思いがけなく高いところにビニールの切れ端がヒラヒラしている。沿岸の水田にも水害の「被害表示」の紙片をはさんだ竹を立てたものが多い。

田の見回りに来た農夫と話す。

「ずい分ひどくやられましたね」

「んだ。このへんは全滅だな。あの向うの家の軒下まで水が来た」

「どうしてもっと高いところに家を建てないんでしょうね。ほとんど、四、五年おきに洪水でしょう」

「何、大水のあと二、三年は高いところに家を建てっけど、喉もと過ぎればというやつで、低いところに住んではまたやられる」

この川がすぐに氾濫するのは下流にある地狭部のためだ。一関市の下から峡谷が約二〇km続き、川幅はここで三分の一の狭さになる。

上流で雨が降ると、通水量の少ない峡谷で堰き止められた水がふくれ上り、逆流して、それより上流数十kmにわたって水の下に沈めるのである。


八日目(衣川―川端38km) 九日目(川端―石巻市47km) 海を目指して黙々と漕ぐ

平泉を通り、一関を過ぎて「狐禅寺の地狭部」に入る。急に狭められた北上川はここで盛り上り、溢れるように流れ出した。

川底から湧き上る水が舟底に無音の衝撃を与え、カヌーは身震いをする。大きな渦が船首をとらえ、ぐいと向きを変える。深い底の方で巻き返る川の様子が見えるようである。

両岸から押しかぶさるように山。時々、それが絶壁になる。

岩手県から、宮城県に入ると、川は再び広くなり、ゆったりとした流れになった。

日暮れの川で老人が馬を洗っていた。これが馬かね、カバじゃないのかね、と思うくらい大きな馬である。山で伐採した材木を曳く輓馬で、体重八五〇kgだという。競走馬の倍はある。この地はかつて優良馬の産地で名高かったところだ。

老人はタワシで馬の背をゴシゴシとこすりながら喋った。

——昔、藤原氏の時代、東北の軍勢が強かったのは、ここで育った馬が忍耐強く、体力があったのと、この地方はタカがたくさん獲れその羽根を使った矢の命中率が抜群によかったためである。永保三年、後三年の役の折——

藤原三代の頃の歴史話になると、このあたりの人たちはそれまでの訥弁が急に滑らかになり、講談調になる。そして、「弁慶がナギナタをこう持ちましてな……」とまるで自分の眼で見てきたように話すのが面白い。

川はますます広く、ゆっくりとした流れになった。北上川の中流から河口までの川の勾配は日本では利根川に次いで二番目に緩やかである。つまり、流れがないのだ。

風景は昨日と変らず。

旅の快感が移動と風景の変化にあるとするなら、この川の中流以後は非常に退屈な旅だ。これから先の北上川は余り書くことがない。

アシの生えた両岸は更に遠くなり、岸にいる人との交流がなくなる。関り合いを持たない風景は生命を失い、無味乾燥な一枚の絵に過ぎない。

ぼくは舞台の書き割りのように実感のない大きな絵の中を、海を目指して黙々と漕ぎ続けた。

雄物川（おものがわ）

秋田平野を貫流。流域には秋田県民の半数が住む

ツツガ虫がいるため、雄物川の川原は開発されず、草木が生い茂ったままだ。（撮影：渡辺正和）

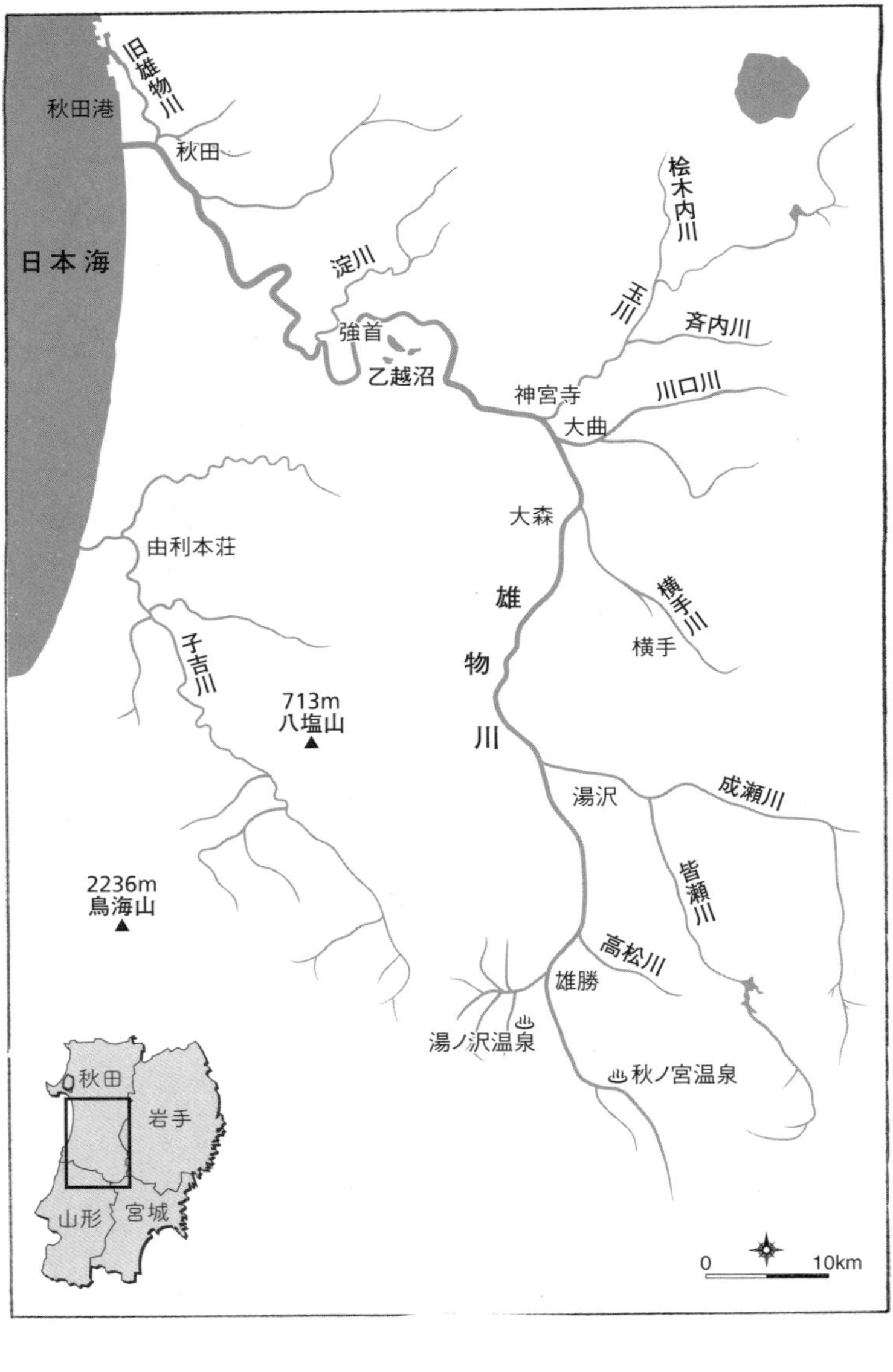

旧雄物川
秋田港
秋田
日本海
淀川
桧木内川
玉川
斉内川
強首
乙越沼
神宮寺
川口川
大曲
大森
由利本荘
横手川
雄物川
横手
子吉川
713m
八塩山
湯沢
成瀬川
皆瀬川
2236m
鳥海山
高松川
雄勝
湯ノ沢温泉
秋ノ宮温泉
秋田
岩手
山形
宮城
0
10km

老婆は一日にして成らず

奥羽本線の院内（いんない）駅で下車。

駅のすぐ前を流れる雄物（おもの）川に沿って歩いてみた。素晴しくきれいな水の流れる良い川だが、フネで下るには水量が足りない。

前もって同駅に送っていたカヌーを、下流の湯沢駅まで送り直す手続きをした。

ヒマらしい駅員が数人、荷のまわりに集まったので、しばらくカヌーのレクチャーをする。

「ひっくり返らねべか？」

「時々はね。その時は岸に着けて、水を出してまた乗ればいい。濡れて困るものは防水袋に入れておくから、どうってことはないですよ」

「小っちぇけくておっかねな」

「小さいから軽くて良いんです」

「グンラグンラするべ」

「ぐらぐらするから動きが自由なんですよ。大きなフネは安定しているから、少しも自由に動けない。面白くないでしょう」

不安定な自由をとるか、不自由な安定をとるか、それが問題だ。

川旅は上流でたっぷりと時間をかけ、下流に行くに従ってあっさりとやるのがコツである。

上流では川も山も美しく、人情もいい。下流になると川の水は汚れ、自然は衰弱し、人情が荒くなる。これが日本の川のだいたいのパターンだ。

一日目（湯の沢温泉）　イワナの宴会

院内はその昔、銀山で栄えた。天保年間（一八三〇～四四）には一万五〇〇〇の人口があったという。昭和二九年に銀山は閉鎖され、現在は雄物川に沿う道路にわずかの商店が並び、すっかり寂れている。

ここから二km程山の中に入った「湯の沢温泉」に泊った。ひなびた湯治場で、一泊一二〇〇円也。泊り客はここにナベ、カマ、フトンを持ちこんで自炊生活をする。

宿の下を流れる湯の沢川を釣り竿（ざお）を持って遡（さかのぼ）ってみた。滝の下の深みで三一cm、二八cmのイワナを釣りあげる。釣りをする人には判ってもらえるだろうが、尺イワナを手にする時は足が震えた。

そいつを台所で焼くと、泊り客が入れかわり匂いにつられてのぞきにきた。

「おンやまンず。大きいごと！　○×△◎☆□◎（あとは意味わからず）」

と口々にほめる。

一緒に食べましょう、といわざるを得なくなり、その夜はみんなを招き、イワナ二匹を囲んで飲んだ。

農機具に噛（か）まれた足の治療に来ている六〇歳くらいの親爺を除いて、あとの十数人は見事にお婆さんばかりである。

一人のオバンが首を振り振り、張りのある声で歌った。

〽秋田の女（おんな）、なんして奇麗（きれ）だと、きくだけヤボだんす　小野小町の生れた在所（ざいしょ）　お前はん
知らねのゲ

ずらりと並んだ婆さんたちを見ていると「老婆は一日にして成らず」と何となく感動した。

二日目（湯沢―大森23㎞）　サケ漁の番小屋にて

カメラの加納さんと待ち合せ。湯沢駅前の文月橋から漕（こ）ぎ出した。快晴。

一〇月のこの時期は川の水が一番少なく、最深部でやっと五〇㎝だ。水が澄み、川底の魚が一匹一匹はっきり見える。

低い土手の上の姿の良いアカシアの木。遠くの山は頂上だけが見え、中腹から下は霧にすっぽり隠れている。

水が退（ひ）いて広くなった川原。カヤの密生した岸をホオジロが鳴いて飛び、シラサギが川の中に優雅に立って魚を啄（ついば）んでいる。陽ざしが強く、シャツ一枚で漕ぐ。

雄物川は全長一三三㎞。山形県との境の尾物沢から流れ出し、仙北、秋田平野を貫流し秋田市で日本海に注ぐ。米代（よねしろ）川と並んで秋田の代表的な川だ。

川下りでは二〇〇km、三〇〇kmクラスの大河より、雄物川くらいの大きさの川の方が楽しい。余り大きな川だと「漕がせて戴きます」といった受身の心境になる。主体性が持てないのだ。雄物川を技術的にいえば、平常の水位の時はほとんど危険のない二級の瀬が上流の方に二、三ヵ所あるだけで、あとは居眠りしながらでも行ける川である。

今年は水がない。これほど水が少なくなったのは数年振りだ。去年のこの時期より一mは水位が低い、と釣り人たちはいった。

昔、雄物川を荷物や人を乗せた舟が往来していた頃、運賃は秋の方が春より三割から倍くらい高くなっていた。雪解け水で深くなった春の川より、渇水期の秋の川の方が操船が難しかったからである。フネは浅い流れを一番の苦手とする。

今回の川旅も浅い水路に悩まされた。ちょっと主流を見失うとフネが浅瀬につかえ立往生してしまう。中流を過ぎた刈和野（かりわの）あたりまで、一日に何回も浅いところでフネを降り、川の中をフネを曳いて歩かねばならなかった。

かつて、中流の大保（おおぼ）までは渇水期でも一二〇〇俵積みの船が往来していたというから、当時は余程、川の水が多かったに違いない。

皆瀬川の流れこみを過ぎる。大きな支流だ。

去年の四月、東京のカヌークラブの一人が皆瀬川を単独漕行（そうこう）中に死んだ。抜群のテクニシャンで、他の人が大事をとってフネを担いで岸を歩くような難所を好んで漕ぐ人だった。

彼が遭難したのは堰堤（えんてい）の真下である。オーバーフロー式の堰（せき）では、傾斜したコンクリートを滑り落ちた水はちょうどカールした髪の先のようにくるりと一回転して流れる。

彼はその水の輪の中に入って脱出できずに死んだのだ。雪解けで増えた水流が予想以上に強かったのだろうと思われる。

それを全国紙のY新聞が、川の暴走族がバカなことをして死んだ、という論調で報道した。多分、記者の誘導尋問にかかってそういったのだろうが、カヌーを扱っている東京のSデパートの販売部も、

「あれは転覆した場合、脱出の困難なフネです」

とコメントした。

波の高い川を行く時、カヌーにはスプレーカバーを着装して、艇と漕者の間をぴったりとおおう。これは軽く体を引くと、すっぽりと抜けるようになっている。

素人にはこれが人間がフネに縛りつけられているような印象を与えるのであろう。

大森の堰を越えると、川いっぱいに杭（くい）を打ちこんでサケ網が張ってあった。杭のロープをほどいて網を下げ、その上を通る。岸には見張り用の番小屋が建っている。

小屋には四人の老人がつめていた。

なに、隠居仕事ですよ。良いレンジャーになるものな。家に居ても家族の邪魔になるだけだから。

ひとつ、東京から来たお客さんに雄物川のアユをご馳走するか、とお爺さんたちは手に手に刺し網を持って外に出た。

「泥舟」とこのあたりでは呼ばれている川舟に乗る。他の川の舟に較べると、雄物川の川舟は大変細く、幅がわずか七〇cmくらいしかなく、薄い板で作られている。棹をさすと船体をしならせて軽々と進む。高さ約一m、長さ二〇mの網を二張りつないで川に張り、下流から棹で水面を叩きつつ魚を追いこんだ。クキジャッコ(ウグイ)、アユが五〇匹程網に頭をつっこんで、白い腹を見せる。アユはもう体にサビが出て、やせ、夏の頃の美しさはない。

魚はハラも出さず、そのままミソ汁の中に放りこまれる。生臭ささがミソで消されて、ウグイも結構食える。お替りをするぼくを見て、一人が、

「秋田のミソは旨めべ」

といった。

どこの田舎でも人はその土地のミソを自慢する。「手前ミソ」というやつだ。

三日目(大森―神宮寺20㎞)　ルンペン氏と交換した「賢者の贈り物」

明け方、寒さで眼が覚めた。半シュラフにジャンパーを着て寝ていたのだが、これでは秋田の一〇月の夜は無理である。

ガスに点火して、お湯を沸かし、テントの中を温める。

黎明（れいめい）の川原にマットを敷き、足を寝袋の中に突っこみ、熱いコーヒーを啜（すす）りながら、少しずつ明るくなってくる東の空を見る。

一日で最も美しい時間だ。地上に低く這（は）った川霧が風景から生活臭を拭い去り、抽象的な世界が現出し、ぼくを包みこむ。

数百の魚紋を浮べて川がゆっくりと流れ、眠りから覚めた遠くの町がやがて唸（うな）りはじめる。

魚がかかったのだろうか、サケ網のところでバシャバシャという大きな音がする。白い息を吐きながら、爺さんたちがやってきて、網をのぞきこみ、入っとる入っとる、といった。

網についたロープを順ぐりにしぼり上げ、最後の袋を引きあげると、大きな魚がはね上った。タモ網に入ってきたのは体長一mくらいのサケ三匹。

まだシーズン初めだから少ないのだそうで、多い時は一晩に二、三〇匹入ることがあるという。獲ったサケは近くの孵化（ふか）所で採卵した後、売りとばす。

雄物川にはこの夏に一度来たのだが、長雨で川下りができず、引きあげている。その時は上流の雄（お）勝（がち）の川原にテントを張って一日川で遊び、さて出発、という時に雨になり、それが二日、三日と降り止（や）まず、川が荒れて出発できなかったのである。

「川原でテントを張る時は不意の増水に備えてなるべく水面から離れた場所を選ぶこと」という鉄則がある。しかし、余り水際から離れると、何かと不便だし面白くないので、つい近寄ってしまう。その時も水面から一mくらい高い砂利の上にテントを張っていた。

雨が三日降り続くと、川原が危くなってくる。岸の土手の上にテントを移せばどんな大水が来ても大丈夫だと判っているのだが、この雨の中で移動するのが億劫(おっくう)なのと、もうそろそろ降り止むだろうという怠け者の希望的観測が勝って、ぐずぐずしていたら、その夜、水が来た。冷たいので目を覚ますと、体が半分水に浸っている。雨の暗闇の中を荷物、テントなどをフネの中に放りこみ、土手の上に引きあげた。

知らない人がこれを読むと、大変だ、と思うかも知れないが、川旅ではこの種の水難はつきものだ。ぼくは七、八回、テントの水没を経験していて、スレッからしになっている。テントや他の品物が少し濡れる、という以外に実害はない。衣類は乾かせば元通りになるし、強いて害をあげれば、本やノートの類がふやけて倍の厚さになることぐらいだ。

川原を追い出されたぼくは、寝袋とウイスキーを持って、近くの橋の下に行った。その時見つけ得た唯一の乾いた場所である。そこには先客がいて、挨拶をすると、こっちに来い、と乾草の多い場所を指し示した。この男と酒を飲みながら朝を待った。

夜が明けると、川の様子が一変していた。前日までそこにあった広い川原は濁流の修羅場になり、泥色の流れが橋脚にぶち当って轟然(ごうぜん)としぶきを上げていた。ゴロゴロという地鳴りは大岩が流されているのだ。岩がぶつかり合って、キーンという金属音をあげる。

男は五〇歳前後のルンペンであった。彼はぼくを同業者と間違えたらしく、同志的なやさしさをこめて、「○○トンネルの北側の小屋は良い。畳が敷いてあって、ガス、水道付きだ」といった。

これらの自由人たちの「季節的移動」をご存知だろうか。彼等は冬は暖かい鹿児島や大分で過し、夏は東北の涼しいところに行く。北海道は夏でも夜が寒いからダメだそうだ。

鉄道の線路を歩いて移動し、夜は保線工事の道具などをしまう小屋に泊る。彼の意見では、今や日本の道路を歩くのは「自殺行為」だそうで、これまで何度も車にはねられたという。以前は神社や観音様のお堂に泊れたが、最近は村の人がうるさくなってダメになった。

本当に住みにくい世の中になった、と彼は溜息(ためいき)をついた。こんなに何もかも管理されるとワシらは生きていけない。昔、あんなに多かった仲間も見切りをつけて「辞め」ていった。生活保護を受けて、犬小屋みたいな家で暮らしとる。

彼は家を一軒一軒回り、食物や現金を貰って生計を立てている。お金は一〇円から一〇〇円までがほとんど。彼は足許(あしもと)のふくらんだリュックをいまいましそうに見て、秋田は米どころだから、どの家でも米ばかりくれる、米は重いから好かん、といった。ぼくはその時、川を二本「はしご」していて、二週間もラーメンばかり食って、米のご飯に飢えていた。それで、手持ちのラーメンを全部差し出し彼の米と交換した。ルンペン氏はラーメンを手にして嬉しそうにいった。

「こいつはオカズが要らんから良いなあ」

ずっと米のメシに塩をかけて食べていたので、胸やけして困っていたという。彼はオマケとして、山越えする時に採ってきたというミズナを一束つけてくれた。二人はお互いに手に入れたものを大いに気に入り、満足した。こういうのを「賢者の贈り物」というのである。

彼のリュックの中味を見せて貰った。

毛布一枚、骨の折れた折りたたみのカサ、飯盒(はんごう)、アルミの小ナベ、蚊取り線香、果物ナイフ、全国鉄道地図、塩、硬貨で一二〇〇円。ぼくの持物とだいたい同じだ。

彼はズボンをまくって黒いアザを見せた。何もしないのに、どこかの警察署に連れこまれて殴る蹴るの暴行を受けたという。お巡りにはいつもいじめられるのだそうだ。一度車にはねられて、警官が彼を抱き起したところで失神し、次に気づいたら山中の藪の中にいた。その警官は彼を車に乗せて山中に運びそこで捨てたのである。ちょうどワラビを採りにきた村の人に発見されて、半年入院した。

彼はどうも熱があって、体がだるいと元気がない。「ツツガ虫」に刺されたのかも知れん、といいながら、フラフラと歩いて去った。

雄物川流域では魔の風土病として「ツツガ虫病」が知られている。ツツガ虫とは体長約〇・二㎜のダニの一種で、これに刺されると四〇度前後の高熱を発し、死亡率も高い。明治三五年に流域の発病者八〇〇人中二三人が死亡したという記録が残っている。川原に草刈りに入った農民や、川を上る荷舟をロープで曳いて岸辺を歩く舟人足に犠牲者が多かった。

「恙(つつが)なし」の語源はツツガ虫だ。抗生物質や農薬の普及で絶滅したと思われていたが、この頃また復活して、今年も死亡者が出ている。「毛ダニ」「砂虫」とも呼ばれ、川べりの部落には「毛ダニ神社」「毛ダニ地蔵」や「砂虫神社」などが残っている。

二時間ゆっくり漕ぐと角間川町だ。ここでフネを着け、雑貨屋で毛布を一枚買った。

この少し下流に「大保の渡し」がある。中州に上陸すると、畑でサツマイモを掘っている夫婦がいた。渡しの船頭さんだ。この渡しは支流の横手川と中州と雄物川本流を結ぶもので、一度中州で上陸して舟を乗り替える。水の多い時は本流の方にもう一つ水路ができるので二度乗り替える。渡し賃はタダで、川向うの部落から町に野菜を売りに行く人や、中州に畑を持っている人たちが利用する。一日平均二〇人を運ぶ。奥さんの方はもう二〇年も船頭をやっている。本流の渡しを受け持っていた爺さんが病気になったので、去年から役場を辞めた御主人がそれに替り、夫婦で大保の渡しの全域をやっている。町から日当が一人二四〇〇円出る。

向う岸に人影が現われ、「ホー」と叫ぶと、奥さんは舟の方に走った。

大曲を過ぎると玉川が合流する。三角州に放牧したホルスタインの牛の群れがじっとカヌーを見つめる。土手の上の道を女学生たちが一列になって自転車で行く。川風が少女たちの髪やセーラー服をなぶり、笑い声がきこえた。川の上から見ると、女の子がみな可愛らしく見える。

川が曲ったところで、数本のリール竿を並べてぶっこみ釣りをしている中にフネを入れてしまった。関東の川なら、さしずめ大喧嘩になるところだが、ここでは人がおっとりとしていて、恐縮するぼくに「なあに、かまわね」と笑っている。

「釣れますか?」

「いいえ、釣れません」

標準語で尋ねたので、教科書のようにしゃっちょこ張った答えが返ってきた。矢張りここは「魚コ釣れてるスか？」とやるべきで、そうすれば面白い話がきけたかも知れない。

田舎を行く時は、土地の言葉で話さないとなかなか本音がききにくいものである。

神宮寺の川原でテントを張る。

今日も浅瀬に数回ガリガリと乗りあげたが、フネを降りずにそのまま強引に漕ぎ進めたので、舟底が摩滅して小さな穴が二、三ヵ所あいていた。ガムテープを貼って応急手当をしていると、一人の娘がのっそりと現れた。カントリーギャルというイメージにぴったりで、それでぼくはひそかに練習した秋田弁でいった。

「ネェちゃん、カックいいフネだんべ。カヌーつうずら。たいした面白えもんずらよ。乗っけてやっか。ホレ、乗ってみれ」

すると娘は豹変して六本木調でいった。

「ドヒャー。カヌーか、ナウイじゃん。冴えてるーッ。ドーン。今日は学校休みだもんね。遊びまくるもんねーッ。カヌー教えてーッ。ガガーン。カックいいーッ」

ぼくは驚愕と衝撃の余り、ひっくり返りそうになったが、しかし、考えてみれば、当然のことながら、日本国中みな東京なのである。

彼女は連れの一行を呼び寄せた。近くの短大の学生たちで、なるほど、こうして一〇人程並べてみると、確かに「秋田美人」といってもいい「上玉」が二、三人いる。

お年寄りとばかり会ってきた後ではまぶしい思いである。秋田には老人ばかりで若い人は一人もいないのではないか、と心配していたのだが、良かった良かった。

今日は疲れているので、美人だけとしかつき合いたくない心境だけど、ブスほどこういう差別に敏感だからね、シブシブ全員乗せてやった。

一人艇は背もたせをはずして、スプレーカバーをとると、コックピットの中に二人が充分に入る。体を適度に密着させて座れるのがカヌーの長所だ。ぼくがものをいうと、前の女の子のうなじのあたりに息がかかるのもよろしい。思わず荒い息になってハッハッと息を吹きかけると、身をよじる娘もいて、とても可愛いいのだ。美しき人を乗せるとフネは羽根のように軽々と動き、向うの山のてっぺんまで登れそうな気がするのに対して、美しからざる人を乗せると、ズシッと吃水（きっすい）が下り、フネが不気味にきしみ、いまにも沈みそうで、腕も心も耐えがたく重く、ちょっと川を一周するだけでぐったりと疲れた。男がいかに精神的な生き物であるかという証拠であろう。

秋田は「米コに酒コにオバコ」を誇る。雄物川の水が秋田美人を生むのだ、とこの川で会った人たちはテレもせず真面目な顔でいった。この川の水で洗うと肌がしっとりして白くなるのだそうだ。

「何でもＰＨ（ペーハー）つうのが高いんだ、雄物川の水は。天然のアストリンゼンだすべ」

秋田のもう一つの大河、米代川流域と較べると、その差ははっきりするという。そんな自慢をする人の顔をまじまじと見つめて、

「すると、あなたはきっと米代川流域の出なんですね」

といいたくなっても、そこはぐっとこらえなければいけない。

四日目（神宮寺―強首19㎞）　子供の頭にタンコブが増える時

刈和野で水の補給に上陸。護岸工事をしていた。現場監督とおぼしき男がやってきて、しきりに感心する。

「なーんと！　これで海まで旅行するってな。そりゃ気持いいべな。オラも乗ってみてえな」

ウイスキーをとり出してすすめると、男は勤務中だから、と一旦断ったが、数秒後、何か良い口実を見つけたらしく、ぼくの手からカップをひったくった。その中になみなみとこぼれるくらい注いでやる。

このあたりは洪水常襲地帯である。春先の雪解けの季節には七、八m水位が上る。それに雨が重なると、土手の低い対岸の方はすっぽりと水の下に沈む。ここで水が氾濫するから、下流の秋田市は洪水を免れている。向う岸の田畑や林は遊水池になっているらしい。

冬季の工事は雪よけと暖房を兼ねて、作業現場をビニールのドームでおおってやる。経費がかさんで少しも儲けがないが、冬、人夫を手放すと、春夏に人手が確保できないから無理をしても工事を続ける。ここでは男四〇〇〇円、女三〇〇〇円の賃金だ。東京あたりに行けば、二倍、三倍の金が貰えるから出て行く人が多い。地元で人手が集まらないのが頭痛のタネだ、と男はこぼした。

秋田県は農民の出稼ぎが日本で一番多いところだ。冬期の積雪、零細農業など理由はいくつもあるが、最大の理由は農機具代の返済のためだ。年間、数日しか使わない一〇〇万円もする機械を一軒の農家が五、六台買い揃える愚かしさを都会人は笑い、共同使用にすればいいじゃないか、という。しかし、よくいわれるように「隣の家の牛が死んだ時が一番嬉しい」的ないびつな競争意識が強く残っている日本の農村では、余程良いリーダーがいない限り、共同使用は不可能だ。隣が買ったから、うちも買う。代金の月賦支払いが終る頃また新型のやつが出て、それにとびつくから、借金は永久になくならない。秋田県人は「見栄っぱり」の「新しもの好き」と定評がある。一〇〇万円台の大型農機具の普及率は群を抜いて日本一だ。東北六県の中でも他県の二、三倍となっている。

どんな楽観的な計算をしてもそれでは農業経営は赤字になるそうだ。

「百姓って仕事はな」

川っぷちの畑で中年の農婦がヨッコラショッと大根を引き抜きながらいった。

「なんと百姓だば、死ぬほど単純で、面白くねえもんな。毎年、同じ作業のくり返し。仕事の内容は一生変らね。馬鹿みてえだ。だども一つだけ良いことあるし。それだば、お父といつも一緒に働けることだ。一日中一緒に居れることだ」

農家の仕事は夫婦でしなければ駄目だ。肉体的に辛いのではなく、精神的にやっていけない。畑でふと振り返って誰も居ないと、鍬を放り出して帰りたくなる、という。

農機具の何百万円という借金がなければ、わざわざ遠くに出稼ぎに行かなくても、近くで働けば済む。賃金は安いが、父ちゃんが家に居るだけで家族の者の顔つきが違う。

しかし、夫婦そろって仕事のできる百姓を続けるために買った機械のせいで、一年の大半を離れて暮さなきゃならん、というのは矛盾しているのではないか。そんな指摘は痛烈すぎたのかも知れない。彼女は顔をしかめていうのである。

「だども、他家（よそ）で一〇〇万円のもの買ったら、うちは一〇一万のもの買いてぐなるのは人情だべさ」

かくして、刈り入れが済み、米の出荷が終ると、秋田の田園から男たちの姿がいっせいに消える。今年は冷害だったから、出稼ぎも一ヵ月ぐらい早くなる。

長い冬が来ると、秋田の小学児童の頭にタンコブが多くなるのだそうだ。父親のいない家では、母親の気が荒くなるから、腕白な子供の頭にゲンコツがゴッキとぶのである。

強首（こわくび）の川原にキャンプ。カニカゴとハエナワを仕掛けにそれぞれ男が二人ずつテントの前を挨拶して通った。川原でズボンを脱ぎ、ステテコ一枚になって川に入り、ハエナワの両側におもりの石をつけて川に沈めている。ウナギ、ナマズを獲るのだ。

こんな風に一般人が楽しみにやってくるのは、この川がまだ汚染されていない健康な川なんだろう。

夕暮れの土手に立つと、農道は農機具のオンパレードだ。コンバインやトラクターが颯爽（さっそう）と行く。稲ワラを満載したトレーラーを曳く耕耘機（こううんき）。その運転台にピッタリと寄り添って座った老夫婦。婆さんは満面の笑みを浮かべて、かたわらの爺さんの腰のベルトをしっかり掴（つか）んでいる。

「あ、良いなあ」

と思わず声をあげると、彼女は天皇風に手を振り、「バイバイ」といった。

日が落ちると、急に冷えこみ、身を切るように冷たい風が吹いてきた。

目の高さから空が広がり、ぼくは満天の星の中に座って、火を起し、ひとりで飲んだ。

夜が更けて、テントの中でうとうとしていると、川に人の気配がした。

外に出てみると、たちこめた川霧の中にぼんやりともった灯が滑るように近づいてくる。

一つ、二つ、三つとそれは川のあちこちで動いていた。夜間川を遡るサケをランプで照らして、舟の上からヤスで突いて獲っているのだ。

「オーイ」

川の上で声がした。

「獲れたか?」

「ダメだ。今日はなんも獲れねな」

ザク……ザク……ザク。川底を突く棹の音が次第に遠くなり、ランプの灯が白い闇の中に滲(にじ)んで消える。

風が吹いてきて、霧が流れた。

多摩川（たまがわ）

一〇〇〇万都民が収奪し尽した川の残骸

羽村の堰を越える。川は洗剤の泡で真白だった。（撮影：佐藤秀明）

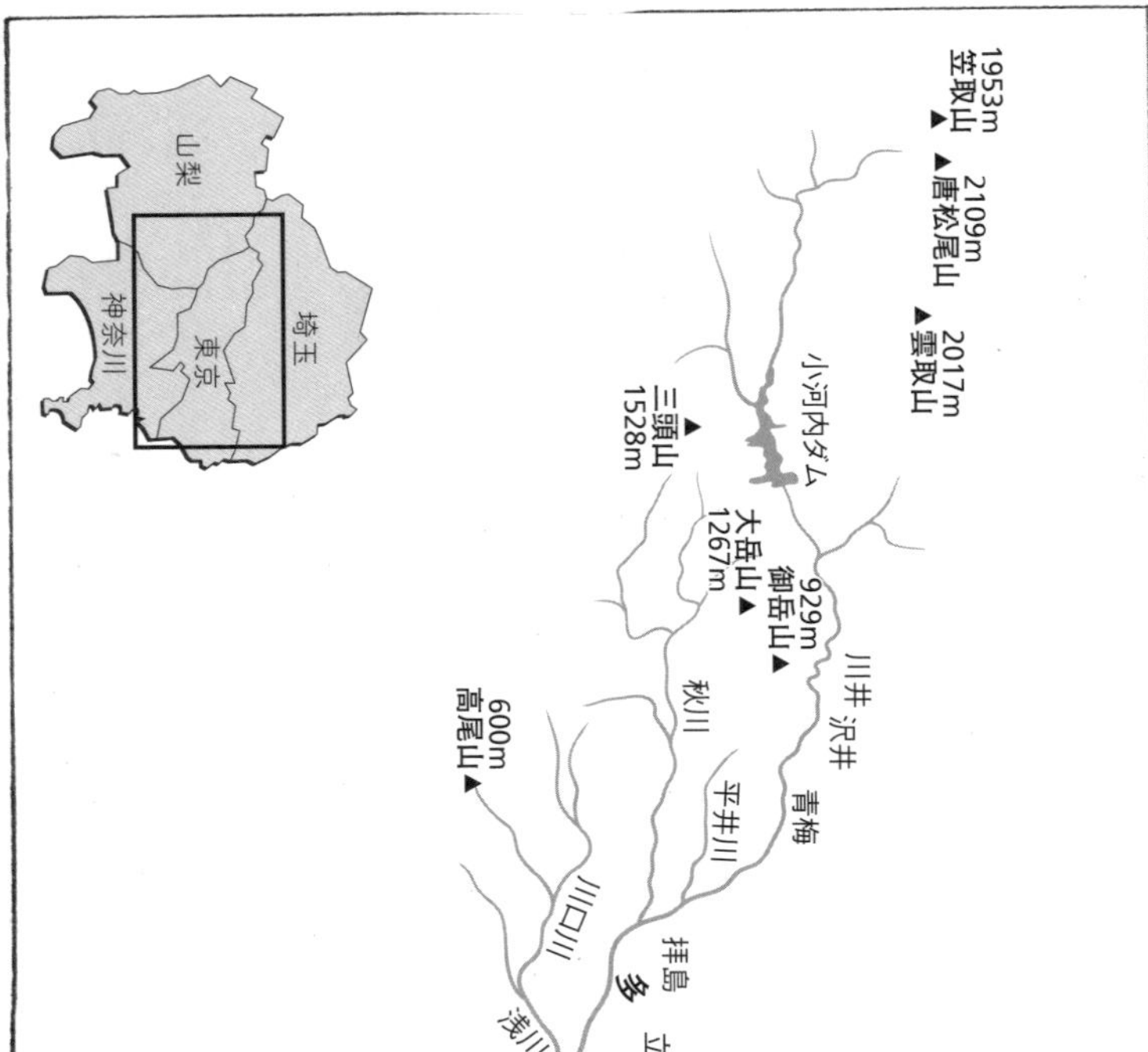

笠取山
1953m
唐松尾山
2109m
雲取山
2017m
小河内ダム
三頭山
1528m
大岳山
1267m
御岳山
929m
川井
沢井
秋川
青梅
平井川
高尾山
600m
川口川
拝島
多
摩
川
立川
浅川
国立
府中
稲城
川崎
登戸
調布
狛江
丸子橋
二子橋
世田谷
新宿
大田
川崎
羽田東京国際空港
東京湾
品川
0
10km
山梨
埼玉
東京
神奈川

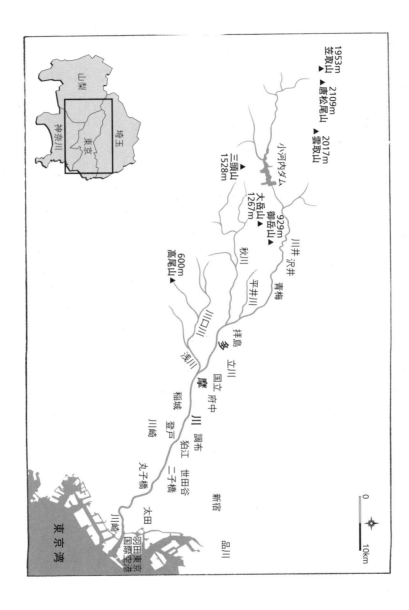

山河滅び人肥え太り

今回の川旅は気の重い旅だ。

「多摩川」と考えるだけで気が滅入った。

友人が電話をかけてきた。

「ほら、いつかパリで下水道から銀行まで穴を掘って、金を盗った事件があっただろ。あれが『掘った、奪った、逃げた』という映画になってね。撮影は実際の下水道の中でやったんだが、スタッフは全員ひどい病気になったそうだ。多摩川の汚れはパリの下水道なんてもんじゃないからね、まあ、頑張って下さい」

頑張るったって、どうやってガンバレば良いのだ？

山梨県の秩父山地から流れ出し、東京を西流する全長一三八kmの多摩川は、上流半分は渓谷になっており、フネで漕行できるようになるのは河口から七〇km遡った御岳あたりからである。

御岳は日本のカヌーのメッカで、川に降りる入口の空地には一〇〇隻近いカヌーが置いてあった。

毎年、ここでスラロームなどのカヌー競技が行われる。川の勾配や、流れの中にある岩の配置、水量、水勢、すべて競技に理想的な渓谷だ。しかし谷底に下り、川をのぞきこむとウンザリした。多摩川はすでにそこから「ドブ」であった。灰色に濁った水は表面に洗剤の泡を浮かべ、川底には黒い汚水菌でヌルヌル滑る石と岩。その一つ一つから白い水ワタが長い尾を引いていた。この上流の人家の汚水が未処理のまますべて川に入っているのである。

今回の荷物はテントと寝袋だけの軽装だ。

気持ちは重く、陰々滅々と出発。

ぼくが川下りをするのは、単純にそれが面白いからである。健康のためでも、スタミナをつけるためでも、まして、自然の汚染を告発するためでもない。しかし、この川では楽しいこと、面白いことは何も期待できなかった。

逆に不愉快なことは山のように降りかかってくるだろう。そのことは確信が持てた。

だから「多摩川の汚染は恐るべきもので、その川旅はとうてい筆舌に尽し難いのである」と書いて、ここで終りにしたいところだ。

一日目(沢井—拝島20㎞)　石を投げるとアベックに当る

沢井から出発する。ここはスラローム競技の常設コースになっていて、頭上からポールが何本も下がっている。練習中のスラローム艇が寄ってきて挨拶を交した。

ウイスキーをとり出して艇上で飲む。下らん川を下る時は、手漕ぎのカヌーといえども多量の燃料が要る。

川幅約一五m。三〇m程の断崖と中腹に根を張った岩松。流れにつき出した岩の線が美しい。細い空を横切って揺れる吊り橋。

水さえなければ、多摩川は素晴しい川だ。

平水より一m減水して、川底の岩が現れた急流を注意深く漕ぎ抜ける。こんな汚い川でひっくり返ってたまるか。

背後から声がかかった。ＦＲＰ艇に乗った二人連れで、一人は外国の青年である。どこまで行くのか、ときかれたので、

“Tokyo Bay”と答えたが、こいつはちょっとカッコ良かった。

羽村まで一緒に行こうや、と誘う。

「面白いよ」「しかし……」と二人はためらった。

これまでぼくの使用艇を大まかに「カヌー」と書いてきたが、正確に言えば「カヤック」である。ＦＲＰ艇はグラスファイバー製で、これは折りたためない。だから、川を下る時は出発点まで運び、終点で拾い上げてくれる車と運転手が必要だ。

「羽村で誰かに迎えに来て貰えばいいよ。遠くじゃないんだから大丈夫だよ」

一人は面倒だから嫌だ、と引き返したが、外人の方はＯＫとついてきた。

ウイスキーのボトルが二人の艇の間を何回か往復すると、出発の時のユウウツは大分薄らいだ。酔っぱらうと注意力が極端に落ちるので、慎重に進んだ。梅の花びらが上空からヒラヒラと降り、ウグイスの鳴き声がする。

男は近くの基地の兵士で、急流に突入する度にヤンキーらしく陽気に「イーッヤッホーッ」と歓声をあげた。

すると、そこにいる釣り人たちが、

「バカヤローッ」「石ぶっつけるぞ!」

と叫ぶのである。多摩川名物の釣り人との楽しき交流だ。これがまだ春先だからいいのだ。アユ釣りのシーズンに入ると、一つの瀬に何十人、何百人と入って、竿のトンネルができる。多摩川の釣り師がいつもイライラして、他人に噛みつくのは、一つは獲物が少ないからである。一〇年前(その頃は二、三m先の魚も見えた)、このあたりで潜ったことがあるが、魚は少なかった。その原因の一つは川の水温が低過ぎることにある。上流の小河内ダムは放水口が湖底についているので、一年中冷たい底の水を出す。夏でも一三度くらい。ウェットスーツがないと入れない。

接岸して休憩。フネを並べて漕いでいた時はぼくの方が見下ろしていたのだが、陸に立つとやつの方が三〇cmも背が高いのには驚いた。向うもびっくりしている。これだから外人とつき合うのはくたびれる。

「日本で競技カヌーばかりやって、ツーリングをしないのを不思議に思っていたけど、その訳が判った。川に釣り師が多いからだろう」

「いや、釣り師とのいざこざがあるのは東京やその周辺の川だけだ。他の川に行ってごらん。日本の自然を満喫できるよ。東京は人が多すぎるのだ。こんな小さな場所に一二〇〇万もいるんだぜ。こんな混雑したところでカヌーとか釣りができる訳がない。もっと広々とした自然でやるべきものなのだ」

日本のカヌーはスポーツ教育の一つとして、後にはカッコいいファッションとして入ってきた。だから最初から競技カヌーで、楽しむという要素がない。

レジャーとしてカヌーを楽しむ広い大衆の底辺があって、その中から自然発生的に元気の良いのが競技をするようになった欧米のカヌー事情と全然違うのだ。それと川下り(ツーリング)をするという発想ができないのは日本人が「川離れ」してしまったからだ。子供の頃から川で遊ぶのを禁止されているから、川に行っても遊び方を知らず、楽しめない。

日本のカヌー人口の実数は約三〇〇〇人。このうち川下りを楽しむ人は三〇〇人いるだろうか。

崖(がけ)の上から音を立てて落ちてくる下水を情ない思いで見る。至るところで排泄物(はいせつぶつ)が流れこんでいた。水の少ない川だから、たちまち川が汚れていく過程がよく見える。信じられないことだが、この水が都民の飲料水になるのだ。東京で飲む時は水割りはやめて、ストレートでやることにしよう。

三時間かかって羽村の堰(せき)。男は電話をかけ、一時間後に迎えの車が来た。

「お陰で楽しかった。サンクス」「グッドラック。気をつけて」

厳密に言うなら、羽村の堰で多摩川は終る。川の水はここで左岸の水門に入ってしまい、一滴の水も堰を越えていないからだ。この水は八㎞離れた村山貯水池(多摩湖)に行き、東京の水道水となる。堰の五〇m程下流では伏流水が泌み出し、水溜りを作っている。

フネを肩に担いで、水を求めて岸を歩いた。

一時間歩いたが水がないので、フネをたたんで収納バッグに入れて背負い、また一時間歩く。平井川や秋川の流れこみを期待していたのだが、ちょろちょろと僅かな水が流れているだけで、まだフネを漕ぐ深さがない。このあたりから、多摩川は再び汚れ始める。

秋川の合流点で泊ることにして、アシの中にテントを張った。ここは多摩川で一番川原が広くなるところだ。川幅七〇〇m。四、五mにのびたアシ、ススキが対岸まで茫々と広がり、その向うは低い山につながっている。

東京の近くでこれだけの放置された自然があるのに驚く。誰かが吹き鳴らすトランペットの音が喨々と川の上を鳴り渡り、数百羽のスズメが草原の上を飛ぶ。

日が西に傾くと、川原は赤く染まった。空気の汚れた空ほど夕日が赤いというが、思わず見とれるほどの夕焼けである。

今日は一日中にがにがしい気持ちでいたのだが、この瞬間少し感傷的になり、足許の石を拾って投げた。すると石の落ちたあたりでボクッと不気味な音がして、ムクムクと二つの影が立ち上った。

「バカヤロ。何しやがる」

という罵声が返ってきて、ぼくは情緒的な世界から現実に引き戻された。

多摩川では石を投げると当るほどアベックがあちこちにひそんでいるのである。

テントのところで野良犬が戯れていた。以前、犬にテントを噛み裂かれたことがあるので、ぼくはチクショーと唸（うな）り、駆けた。すると犬と思っていたものがすっくと立ち上り、続いてまた一匹立ち上り、それはまたしても二人連れだ、と気づいた時はすでに遅く、彼等の数m手前に接近していた。いまさら止れない。地響をたてて走ってくるぼくを見て、恐怖の余りしっかりと抱き合った二人の前を疾風のように駆け抜け、テントの前も素通りして、ぐるりと川原を大きく一周して、しばらく間をおいてテントに戻った。多摩川は大変くたびれる川である。

その夜、電話をしたので、都内の友人たちが数人、陣中見舞、ひやかし、おくやみ、などにやってきた。

焚火をすると何とかキャンプのムードは出る。キャンプといっても、土手を一つ越すと赤い灯青い灯があるので、生臭いものである。

「酒が足りない。あそこの自動販売機で買ってこい」「ついでにスシ屋に出前を頼む」「おれはラーメンがいい」

発電機を持ってきてカラオケ大会をやろう、テレビを見たい、明日の朝新聞を配達して貰ったらどうだ——等々。かくして神聖なるキャンプ地は、新宿のゴールデン街の如くワイ雑なものになった。

一〇時過ぎに全員ヘドを吐きつつ帰る。

多摩川には酔っぱらいが良く似合う。

二日目（拝島―丸子橋35㎞）　日本一淋しい川

早朝、スズメの喧しい鳴き声で目覚める。

水溜りにカモが数羽静かに浮いていた。薄くたちこめた霧の中にシラサギが立っている。銭湯のペンキ絵そっくりの富士山が嘘のように目の前にある。

土手向うの店でパンと牛乳の食事。再び水を捜しつつ、川岸を歩く。川はまだ流れない。三時間歩いて浅川の合流点。フネを組み立てて、水に浮かべた。まだ川は浅くて、半分は降りて、フネを曳かねばならない。

羽村でとられた多摩川の水は、都民の体の中を通って、つまり下水となって再び川に少しずつ戻ってきた。川は一〇〇m行くごとに汚れを増した。プラスチックのゴミ、発泡スチロールのゴミ、空きカンのゴミ。ただ、ひたすらゴミ、ゴミ、ゴミ。

川の汚れに比例して、こちらの気持ちも荒んでいく。こんな川なら、ゴミを捨て、汚水を垂れ流すのに何の罪悪感もなかろう。

川の上に居ながら、川から目をそむけている自分に気づく。

川岸のサイクリングロードを自転車に乗って行く人たち。「オーイ」と手を振るが、全然、ぼくに気づかない。彼等も川にきていながら、水の上から眼をそらしているのである。

去年の夏、仲間が一人ここを下って、川に浸けた足の皮がベロリとむけたことがあった。

気のせいか水に濡れた手がむずがゆい。

何億というバイキンが自分の体に浸透していく図を想像する。

普通、川を下る時、ぼくは陸(おか)にいる人に対して優越感を持っている。彼等には決して見られない、触れられない川の穴場や一番良いところを独占できるからである。

しかし、多摩川ではこれが逆になった。陸の上からは見えない「汚れ」を見、触れていかねばならないのである。

感情的に「汚ない」とか「きれい」というより、少し科学的な数字を並べてみよう。

環境庁発表による昭和五五年度の全国の汚染河川は次の通り。

1位　大和(やまと)川(大阪・奈良)　BOD一四ppm
2位　綾瀬(あやせ)川(埼玉)　〃　一三　〃
3位　鶴見川(神奈川)　〃　一三　〃
4位　揖保(いぼ)川(兵庫)　〃　七　〃
5位　多摩川(東京)　〃　六　〃

BODとは、「生物学的酸素要求量」のことで、水中の有機物質の量を表わし、川の汚染の指標の一つである。BODをもっと具体的、感覚的に説明すると、われわれが「とてもきれい、清冽(せいれつ)な」と感じるのがBOD一ppmまでの川。健康な衝動を持った人なら、夏、こんな川に行くととびこみたくなる。BOD一から二までの水はまあまあ。二以上になると、はっきり濁りが目につき、泳ぐ時は少し考える。三以上になると、夏は腐敗臭がして、泳ぐことは考えられない。

汚れた川というテーマではぼくは少し発言する資格があると思う。隅田川が最も汚れていた昭和三〇年代の四年間、そこでボートを漕いでいた。

その頃(昭和三八年)の隅田川のBODは五〇ppmである。普通の生下水がだいたいBOD二〇〇だから、どんな川だったか判る。(現在は排水規制や利根川の水を導入して薄めたりしたので、BOD四～五)

家庭排水や流域の工場から垂れ流した化学汚水で、どんなバイキンも隅田川に入ると死ぬ、といわれていた。実際、川から発生する「硫化水素」で川に近い建物の金属はボロボロに腐蝕し、人々は喘息に悩まされた。

夏になると、川に浮ぶ生ゴミの一つ一つにウジが湧く。下手なやつと一緒に漕ぐと、盛大なスプラッシュをあげるので、ウジの雨が降ってユウウツだった。

「コラ、七番ッ。ちゃんとキャッチしろ」

などと怒鳴ると、開いた口にウジ虫がとびこむから、うかつに物もいえなかった。

上河原の堰堤越え。川原の土手には松林が残っていて、それをバックにしてチョンマゲの男たちが刀を振り回している。一人の野球帽をかぶった男がメガホンを片手に走ってきた。

「君ィ、悪いけど、しばらくカヌーを漕ぐのを止めてくれませんか」

時代劇の殴りこみのシーンにカヌーが入ったのではまずいのです、という。ススキの中にフネを隠して、ロケを見物。二十数人が無事に切り殺されるのを見届けて、フネを出す。漕ぎ始めると、行く手に悪夢のような情景があった。

水が少なくて、ずっと狭くなった流れの両側に、四、五〇人の釣り人たちが竿を出しているのである。ハヤ、ヘラブナ釣りの他に左右からコイ釣りの投げこみのラインが目の高さに何本も交錯している。

仕方がない。

「失礼」と声をかけて、竿の林の中に突っこむ。石が飛んできた。

「そいつを殺せ」

「石をぶっつけろ！」

の大合唱となる。

東京の川は淋しいものである。

北海道の川を一人で下っている時でも、これほどではない。

自然の中に遊びに出ると、人はのどかになり、なかなか攻撃的な言動はとりにくいものだが、多摩川では別らしい。ここでは、人は釣り糸を垂れている時すら、ハリネズミのように心をとがらせ、武装して身構えている。

子供の頃、実験でバッタを飼ったことがある。一つの箱には雌雄二匹を入れ、別の箱にはぎゅうぎゅうと数十匹のバッタを押しこめる。しばらくすると、二匹飼いのバッタはおっとりとしているのに対し、混んだ箱の方のバッタは気性が荒くなり、いつも歯をむき出して何にでも噛みつき、凶悪な顔つきになった。狭いところで大勢が生きると、昆虫も人もトゲトゲしくなるのである。

土手の上に連れこみホテルのネオンがずらりと見え始める。登戸だ。小田急の電車が警笛を鳴らして鉄橋を渡った。

右岸のコンクリートの土手に数百人の釣り人がぎっしりと隙間なく並んで座っていた。

ひときわ悪臭の強い濁った水が出る排水口のまわりに人が群がっている。そこに魚が集まるのをねらっているのである。

食事に上陸した。汚れた多摩川をそのまま陸に移したような薄汚ない、救い難くごみごみした街だ。

メシをかきこんで、走ってフネに戻る。一刻も早く、この川から逃げ出したいのである。

「日本で一番危険な川はどれか?」

ときかれたら、迷わず「多摩川」の名を挙げる。

飛騨川もキケンだ。吉野川の小歩危も難しい。黒部川上流の激流などは見ているだけで足が震えてくる。しかし、それはこちらが腕を磨けばなんとかなる。

多摩川の釣り竿の林や投石や洗剤の泡や糞尿の流れに較べたら楽なもんだ。多摩川下りは現代の冒険といえるかもしれない。

宿河原の堰下の川原に点在する汚れた水溜りをのぞくと、四、五cmの魚が群れて黒くなっていた。

こんな水の中に意外にたくさんの魚がいるのである。人も魚もひどく生きづらそうに生きている。
こいつは開発とか、発展といったものじゃない。ただ、家や人間が無秩序にメチャクチャに増えた、というだけだ。

切れ目なく続くビルや家を見ていると溜息がでる。この一軒一軒から出る排水が下水処理場で少し薄められて、みんな川の中に入っているのである。現在の処理技術ではBOD二〇〇のものが一〇分の一にしかならない。下水処理水の放水口に近い人々が「処理所ができて、川が臭くなった」というのはこのためだ。多摩川の流域人口三〇〇万人の下水を処理したBOD二〇の汚水を薄めるべき水が多摩川本流にはない。この川の汚染、死滅の原因の一つは流量が少ないことにある。

昔、川幅いっぱいにとうとうと流れていた多摩川は、武蔵野の山林の消滅で水が激減した。かつて、武蔵野には無数の小さな谷があり、湧き水が豊富に出て多摩川を潤していた。それが、近年、みんなつぶされ、団地やゴルフ場になってしまったのだ。

「山河美しく、人貧し」というのが日本古来の姿であった。今は「山河滅び、人肥え太り」というところか。
結論をいってしまえば、多摩川は川ではなく、巨大な排水溝（こう）である。羽村から下は下水で流れている川だ。

流域の人は誰も川に尻を向け、目をそらして生きていた。田園調布の洒落（しゃれ）た邸宅も川に汚物を流して、口を拭って澄ましこんでいるのであって、川から見ると恥部があからさまに見えて無惨なものである。

川から見る限り、東京には文明のブの字も感じられなかった。

じゃあ、そこで釣りをしているおれたちは何だ、と釣り人たちはいうだろう。彼等にはあの釣りの「定義」がぴったりあてはまる。

「釣りとは、一本の竿の片方にミミズがぶら下がっており、竿のもう一方の端に馬鹿が座っていること」

青空からフワフワと雪が降ってきた。ハテ面妖（めんよう）な、と思ったらそれは泡であった。川下から洗剤の泡が風に乗って飛んでくるのだ。

「今日の多摩川地方の天気。罵詈讒謗（ばりざんぼう）の雨と洗剤のアワ雪、ところにより石のツブテ」

と日記にはつけておこう。

岸にフネを着けて、巨人軍のグランドに行く。ベロビーチのキャンプから戻ってきたばかりの選手たちが練習していた。たかが練習に観客が一〇〇〇人近く居て大したもんだ。女の子が多く、黄色い声援を送っている。

屋台でオデンを食べていると、一人の女学生がやってきて、どういう訳かノートを差し出し、「サインして下さい」といった。

これが他の川であれば、ぼくは二、三m飛び上って驚いたり(または喜んだり)したであろう。しかし、多摩川では、もうどんなことがあっても驚かないのである。ブタが木に登っていても、ナルホドと納得したであろう。だから、黙ってぼくの名を書いてきた。それにしても、おれは誰と間違えられたのか。

丸子の堰下にフネを下ろすと、そこは真白い泡の海であった。

この世のものとも思えぬ風景だ。環境汚染による地球滅亡のＳＦを現実にするとこんな風になるのであろう。

泡は一〇㎝程の厚さで川をおおい、場所によっては一ｍくらいの高さで盛り上っている。

パドルを動かすと泡の下から黒い水面が現れ、油状の汚物がパドルやフネにからみついた。この泡の中を行く時の気分は「おぞましい」「情ない」「南無阿弥陀仏（なむあみだぶつ）」といったものである。

風が吹いて川面の悪臭が動くと、息がつまった。

カメラの佐藤さんは泡の中で苦悶（くもん）しているぼくを見て楽しんでいた。やつにとっては絵になる場面だ。

「そこの一番汚ないところで、ひっくり返ってみて下さい」

「アワ食ってる」「濡れ手にアワ」

と上機嫌である。

彼が去年、西アフリカに行った時、垂れ流しの糞尿で足の踏み場もない道を歩いていて、「ここで転んだらタマランな」と思ったら緊張の余り足がもつれてつんのめった、という話を思い出したとたんに、フネのバランスがくずれてグラグラした。

「川をきれいに」と大書した看板が何とも白々しい。

昭和四五年まで、都ではこの堰でとった水（BOD一一ppm！）を水道水にしていたのである（現在は取水停止）。

泡の切れ目で釣りをしている男が、流されたウキをとってくれ、といった。

「今日はいい方だよ。泡が少ない。天気の良い日曜日はもっとひどくなる」

晴れた日曜日はみんながいっせいに洗濯するから、泡はこの数倍になるのだそうだ。東京の人間のシャツが白くなると、多摩川も白くなるのだ。

男が新しいフィッシングジャケットを着て、立派な道具箱と釣り竿の完全装備で釣っているのが痛々しかった。

やり切れないのは泡の下から次々に魚が釣れていることであった。

川舟が来て、その上から投網を打つと、一投ごとに三〇～四〇cmのフナ、コイが入って、舟底ではねた。

魚を手にとってみる。背骨が曲ったり、腹がただれたり、斑点があったり（最近、他の川ではこんな魚が多いのだ）していれば、それ見ろ、と書けるのだが、残念なことにどの魚も頭から尻尾までシミ一つなく健康そのもので、銀色に美しく光っていた。

一体、これはどういうことなのか。

魚も洗剤に洗われてあんなにきれいになったのか。

それにしても、この釣り人たちはもっとましな川に行けばいいのに、と思う。一、二時間、電車に乗れば、もっと水の澄んだ川らしい川がいくらもあるではないか。

少し離れたところでは、貸ボートが数十隻川に浮んでいた。

あちこちで弾んだ声がする。みんな楽しそうであった。ボートから小さな手をのばして川の水をはねている子供。それをニコニコと見ている若い夫婦。ボートの中で横になり、音楽をきいている青年。そして、泡の上で語り合う恋人たち。

多摩川のどんな汚れよりも、それは恐しい光景であった。

この人たちはどうかしているのではないか。近い将来、日本の環境破壊がもっと進んだら、「多摩川ブナ」とか「多摩川人間」といったものが脚光を浴びる日が来るかも知れない。どんな汚れた空気や水、ひどい公害の中でも平気で、幸福になれる新種の生き物として。

これから下流の多摩川の話は「糞尿譚(たん)」になる。

すぐ下の新幹線の鉄橋下でフネをたたみ、電車に乗った。

その日はずっとユウウツであった。多摩川近くの友人に電話をすると、彼はいった。

「そう気にしてくれなくていいよ。ほら、美人は三日で飽きるが、ブスは三日で慣れるって言うだろ。多摩川も三日で慣れるんだ」

ぼくは少し安心して、ラーメンを二杯食い、小便をして寝た。

信濃川（しなのがわ）

上流が千曲川、支流に梓川をもつ日本最長の川

最近、渡し舟も少なくなってきた。千曲川・七巻の渡し。（撮影：佐藤秀明）

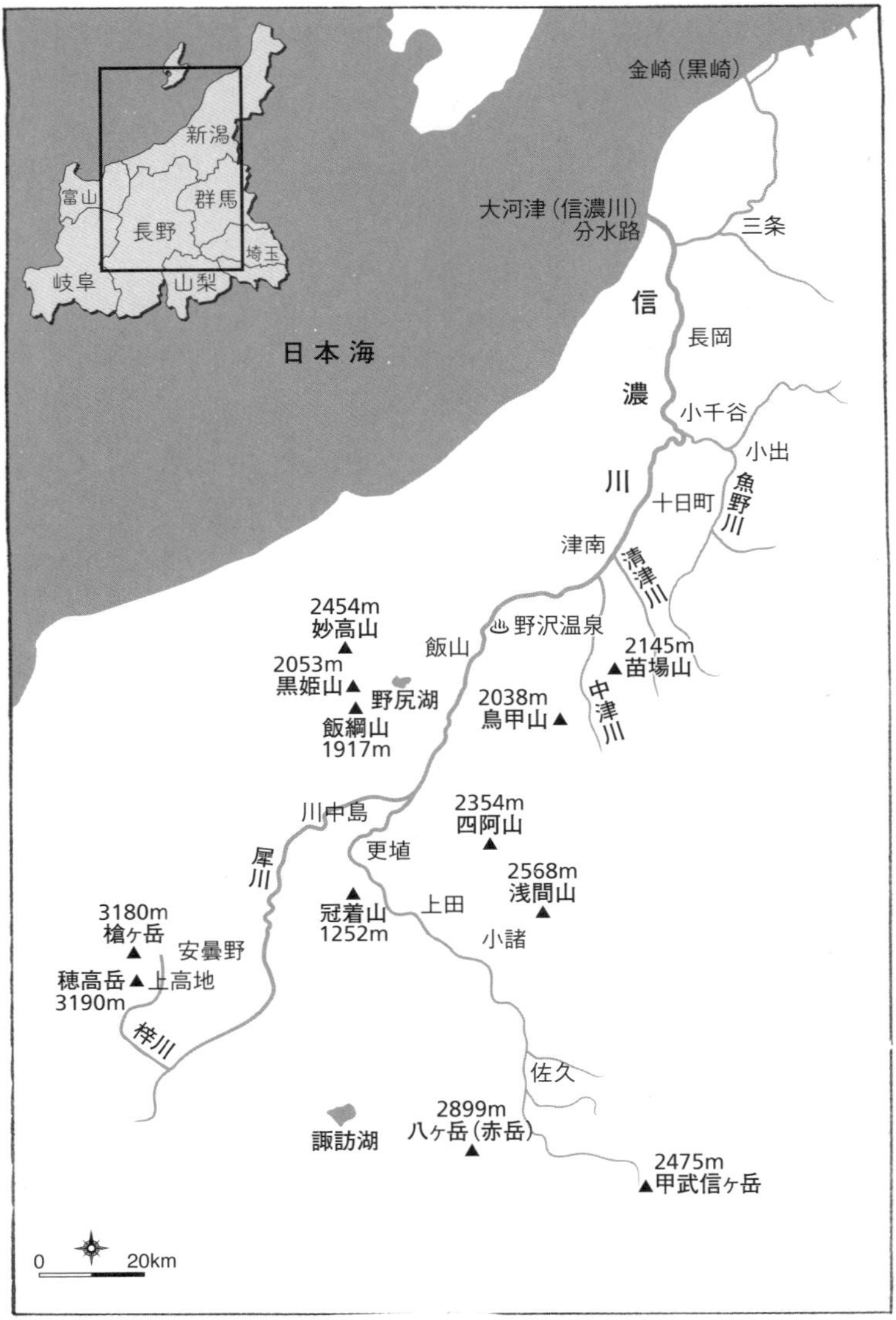
新潟
富山
群馬
長野
埼玉
岐阜
山梨
日本海
金崎（黒崎）
大河津（信濃川）
分水路
三条
信
濃
川
長岡
小千谷
小出
十日町
魚野川
津南
清津川
野沢温泉
2454m
妙高山
飯山
2145m
苗場山
2053m
黒姫山
野尻湖
2038m
鳥甲山
中津川
飯綱山
1917m
川中島
2354m
四阿山
更埴
犀川
2568m
浅間山
3180m
槍ヶ岳
冠着山
1252m
上田
小諸
安曇野
穂高岳
上高地
3190m
梓川
佐久
2899m
八ヶ岳（赤岳）
諏訪湖
2475m
甲武信ヶ岳
0
20km

やっぱり日本は広い

九月中旬。

東京から信州に向う週末の夜行列車は大変な混みようだった。

なに、少しの辛抱だ。川に着けば、信濃の自然はおれ一人で独占できるのである。

早朝、信越本線の川中島駅に降り、タクシーで犀川の川原へ。信濃川の上流が千曲川で、千曲川の支流が犀川だ。

川下りする仲間の間では千曲川は水が汚ないというので人気がない。

信濃川水系ではこの犀川と、ずっと下流の方で合流する魚野川が群を抜いて水が美しい。東京から夜行日帰りの日程でこれらの川を漕ぎ下るパドラーは多い。

犀川は北アルプスの槍ヶ岳（三一八〇m）に源を持ち、上高地を通り、長野市で千曲川に合流する。全長一五三km。本流の千曲川は秩父山地から流れて、新潟県に入ると信濃川と名を変える。全長三六七km。日本最長の川だ。

犀川は上高地を通る時は「梓川」と呼ばれているが、行政上の戸籍では梓川というものはなくて、単なる犀川上流ということになるらしい。

川は北アルプスの山から運ばれてきた白い玉砂利の上を勢いよく流れていた。流速は時速六、七㎞。水温一七度。水は澄んでいて日本でもベストテンに入る銘川である。

一日目（川中島―蓮35㎞）フィッシュ・ウォッチングを楽しむ

出発。流れの中心に乗せると、フネはとぶように進んだ。遠くに山々がかすみ、強い日差しの中で、風としぶきが心地良かった。何ものかに向って「ザマ見ろ！」と叫びたい気持ちである。

川の曲り角に良い淵があったのでフネを止める。水中眼鏡をつけて、ゆっくりと大きな渦を巻いている淀みに潜った。

水深は約三m。水はやや白っぽく、水中の視界は三m程。川底に泥や砂がなく、拳大の丸石だけなのは水流が強いためだ。目の前でアユがしなやかな体をCの字にくねらせて反転をくり返し、石についた苔をかすめとっている。この魚特有のギラリとした光が水底のあちこちで閃く。息をするために時々浮上してシュノーケルを使う以外は動かずにじっと水底の石に掴まっていると、魚はすぐにぼくに慣れ、警戒心を解く。中にはぼくの体をつつくやつもいる。三〇㎝くらいの大きなウグイが石にもたれるように体を寄せている。体側に目の覚めるような鮮やかなブルーのパーマークをつけたヤマメの稚魚（体長五、六㎝）が数匹群れをつくって泳いでいる。護岸用にうちこまれた杭の列のうしろにコイが顔をのぞかせていた。

少し自慢話をすると、ぼくは魚獲(と)りの名人である。釣るよりも「獲る」方が好きで、素手で掴んだり、ヤスで突くのを得意とする。ぼくに見つかると、まず魚は助からない。ただし、ぼくぐらいの名人になると、魚が目の前にいてもやたらと手を出すことはしない。腹が減ったらその時に獲ればいいのだ。どうせ魚はおれのものだから、それまで川に放しておくのである。

しばらく、フィッシュ・ウォッチングを楽しんで、フネに戻ると、釣り師がきていた。

腰まで水に浸り、長いアユ竿(ざお)を振ってコロガシをやっている。鉛玉の下にハリを六～八本つけて、流れの底を曳(ひ)きずり、アユをひっかけるのだ。魚影の濃い川で、見ている間に次々とアユを釣りあげた。たまにウグイも混じる。

ここからわずか五㎞の距離を置いて千曲川がある。釣り師の話では、川の水が良いので犀川のアユは千曲川のものに較べて、匂いも味も段違いに良いという。

二〇㎝のアユを五匹くれた。

やがて、川は千曲川に合流した。犀川の真白い玉砂利の川原と清冽(せいれつ)な水に対して、千曲川は黒い泥の多い川原と茶色に濁った水だ。

水量は犀川の方が倍近く多い。千曲川の濁水が二、三㎞程犀川の水と馴染まず、はっきりした境目を見せて流れた。

川岸にリンゴ畑が見え始めた。

信州リンゴの七割がこの川沿いの善光寺平でとれる。明治時代、千曲川の水害に悩まされた農民が、水害に強いというのでリンゴを植えたのが「信州リンゴ」の始まりである。

初秋の晴れ渡った空をグライダーが音もなく飛んでいる。

川幅が狭くなり、川の両側は低い山と、「河岸段丘」と呼ばれる人家や畑を抱えた丘だ。耕し、家を作りて天に至る。

このあたりでは、田も畑も人家も道路も、川から遙か上の方にある。ずっと上を見ていたので首が痛い。

川が曲るごとに、前方の山の中腹にひと握りの集落が光って見えた。スイスのアルプスの麓の山村を思わせる風景である。

蓮の川原にテントを張る。焚火でアユを焼き、それを肴に飲む。


二日目（蓮―上境17㎞）　フネの上でコーヒーを飲む楽しみ

川旅の一日の適当な距離は二〇～三〇㎞であろう。一日中漕ぐだけなら六〇～八〇㎞は行けるが、そうなるとただ水の上を漕いだ、という記憶だけで何も残らない。

朝四時か五時頃起きて、川が一番気持ちのいい時に釣りをし、本を読み、ゆっくり時間をかけて一〇時頃出発。川の上に出て、移り変る景色の一つ一つに参加しながら下る。決して急がない。きれいな流れこみや湧き水があれば、そこで体を洗ったり、飲み水の補給をする。島があったら上陸してみる。魚の居そうな淵では潜ってみる。若い女性がいたら必ず声をかける（但し、二五歳迄）。しかし、最近は女の子だと思ってフネを寄せると、男であった、というケースが多くて困る。昨日会ったやつなんかは、近寄っても判らず、話をして（それも一〇分間）その間ずっとこいつは男か女かと判らず、別れ際になって男だと判明したのは大変ショックだった。髪を肩に垂らし、カーデガンを着、手に摘んだ花を持ち、土手になまめかしく横座りして、カン高い声で喋（しゃべ）れば、誰だって娘だと思うじゃないか。こういうのは実に困る。気をつけて貰いたい。

日中、太陽に温められた地表の空気が上昇し、そこに海から冷たい空気が入りこむ。これが海風で、川下りの時には向い風になる。

フネは風に弱い。逆風の時はいくら漕いでも時速一、二kmのスピードになることがある。そのかわり、追い風の時は漕がなくても五、六kmは進む。ついでにコウモリ傘などを広げると（セイリングという）ぐっとスピードが増す。

午前中、まだ追い風のあるうちに出発した。

時々現れる急流や障害物のあるところだけ漕いで、あとは風を背に受け、のんびりと下る。

フネの上でガスに点火し、コーヒーや紅茶を飲むのは、川旅の楽しみの一つだ。本当はそいつにウイスキーをたっぷり入れて飲むともっと良いのだが、千曲川はヤバイので酔えない。酔っぱらっていると、気持ちがヘラヘラして、急流などでは最も肝心な時に緊張、集中ができず、ヘマをやって沈する。これまで何度も酔って漕ぎ、転覆したので、陸の上の酔っぱらい運転がいかに危険か良く判る。飯山市の街の橋の下に上陸。「めし」と看板のある食堂に入る。サンマ定食三五〇円也。

飯山市街を抜けると、ここから奥信濃だ。

川は再び谷に入り、流れが早くなった。水量が増え、フネに当る波が強くなる。川の唸りがゴーッと谷間に反響する。

舟底のどこかに穴があいているらしく浸水してきた。少しずつフネが沈む。上陸したいのだが両岸はずっと崖が続いていて、着岸できず少し慌てる。

波の高い三級の瀬を漕ぎ抜けて、上境でやっと上陸。

昼間から草の陰で鳴く虫のすだきが凄まじい。大きく回り道をして橋を渡り、上境駅で電話をした。取材中は東京の家をキーステーションにして、川のどこかにいるカメラマンと連絡をとるようにしているのだ。

日が落ちると、ヨタカがキョッキョッキョッと鳴いて飛び、細い月が出た。

圧倒的な秋の気配である。

三日目（上境―西大滝９㎞）「一里一尺」の豪雪地帯をゆく

上境の部落の家は山が川になだれこむ険しい急斜面にへばりつくように建てられている。

斜面に打ちこんだ長い杭の上に家がある。「崖造り」と土地の人は呼ぶ。ちょっと風が吹けば、川に転がり落ちそうである。

このあたりから「一里一尺」といい、一里川を下るにつれ、冬の積雪が一尺深くなる。豪雪地帯で、人間の居住地区としては世界で最も雪の深い地域だそうだ。

例年、四、五mの(これまでの記録は七・八m)積雪がある。部落を歩くと枝の折れた跡も生々しい木や、真中から折れた鉄筋の電柱などが目につく。降り積った雪は二、三日たつと初めの約八分の一の厚さに圧縮されるが、この時の圧力は強大なもので鉄の棒でもなんでも簡単に押し曲げてしまうのである。

集荷所でリンドウの花を箱づめにしていた。

雪が深いのでリンゴなどの果樹はダメだが、花だと若い者が居なくても年寄りだけでできるし、狭い土地に集約栽培するのでやりやすいのだ。このあたりは紫外線が強いので、花の色が鮮やかになり、評判がいい、という話だった。

七巻(なながまき)の渡しに来ると川は流れがゆるくなる。この下に西大滝のダム湖がある。

ここで佐藤さんと再会。

――野沢温泉に泊ったら、村の目抜き通りを野沢菜を背負った婆さんが往き来(ゆき)していた。それは余りにもカメラマンにとっては「でき過ぎた図」で、彼がいうには、

「あれはきっと村の観光課が日当を出して婆さんたちにあの格好でウロウロさせているのに違いない」

七巻部落と対岸の桑名川とを結ぶこの渡しは、部落の五六軒で運営されている。数年前にここから一km上流に橋ができたが、車を使わない主婦たちはわざわざ橋を回って行くより、この渡し舟に乗る。毎日、各家から男が出て、持ち回りで船頭をするきまりだが、実際は数人の男が交替で他の家の分も肩替りしてやっている。日当が三五〇〇円。部落の者が二〇円、他所者が五〇円の渡し賃は別収入になる。

朝五時半から、夜九時か一〇時頃まで一日平均一〇〇人の人を運ぶ、というから楽な仕事ではない。川の上で話しかけると、船頭は胸をぐっとそらしていった。

「この前、わしテレビに出たぞ。新聞や雑誌にも何べんも載った」

ここは写真を撮るには絶好の渡しなので、船頭もマスコミずれしている。乗客は行商のおっさんで、七巻部落に肉や干魚を売りに行った帰りだという。

「今日は全部売り切れだ。農繁期でみな栄養つけたがっとるで」

一km漕ぐとダム。ここで千曲川の水の三分の二がとられて、発電用の水路に入る。野々海川の流れこみにテント。夕方、毛バリでオイカワを四〇匹程釣る。みな川に放した。

ダムの下はしばらく水がないので、その間は汽車で移動することにして、西大滝の駅に時間を見に行った。

飯山線は赤字線で無人駅が多い。それでは不便なので、地元の農協などが国鉄と契約を結び、委託で業務をやる。この駅もその一つで、部落のSさんが一人で駅長兼小使の仕事をしていた。切符の売り上げの九パーセントが彼の給料になる。普通の月で一、二万。帰省客の多い盆、暮れの月に三万円くらいの給料だ。

乗客は事務室に入って、Sさんの出すお茶を一杯飲んで汽車に乗る。彼はいった。

「あんた何かホケンに入っとるかね？　オラ生命保険の勧誘もやってるだ」

部落のどの家も山から水を引いて、庭に溜(た)め池を作ってある。「タネ」と呼ばれ、冬期、雪をこの中に投げこんで消雪するのである。

四月頃千曲川を下ると、このあたりの雪の多さが良く判る。小諸や上田あたりでは若草の萌(も)える川岸に淡紅色のアンズの花が咲き乱れているが、飯山付近から次第に雪っぽくなり、戸狩(とがり)を過ぎると川原に五〇㎝くらい雪が積っていて、別世界になる。

一一月から四月まで六ヵ月は雪の中だ。毎日家の出入り口の雪かきに追われる。多い時は数日おきに屋根の雪下ろしをする。これは一旦始めたら、途中で休めない。雪を残すと、重さが不均等になって家が傾いてしまうのだ。だからどうしても一度にやってしまう必要がある。男が出稼(でかせ)ぎに行って女手しかないところでは人を雇わねばならない。雪下ろしの人件費が高くなって、最近では食事、酒付きで七〇〇〇円もする。

一人の娘はいった。

「家のうしろは山、前は川で、空がこんなに(と人差し指と親指を三㎝程開いて)狭いでしょ。本当に閉じこめられたって気がする。嫁に行くのなら、雪のないところに行きたいって友だちとよく話しますね」

農家の後継者不足、後継者の嫁不足は全国的な現象だが、特に長野、新潟の県境の豪雪で名高いところでは嫁とりの条件が悪い。農家の長男で四〇歳過ぎても独り者でいるのが少なくない。

村の肝煎り（きもいり）で集団見合いの如きものをやることがあるが、結婚までこぎつける者はほとんどない。

「うちの若い者が娘さんとどんな話をしているかと、そっときいていたら、自分で飼ってるブタの話ばかりしている。あれじゃあ娘は落せません」

ここでは「江戸働き」「江戸稼ぎ」という言葉がまだ残っているが、東京に出て働く習慣のようなものが昔からある。娘たちは東京で相手を見つけて結婚する者が多い。

「長い冬の間、辛抱した雪が解けて水になり電気になると、それは東京に持っていかれる。娘も持っていかれる。良いものはなんでも東京にとられてしまう」

そんな愚痴がある。

しかし、この頃では出稼ぎ先の東京から嫁を連れてくる者や、スキー場のアルバイトをやって、そこで知り合い、結婚というケースも増えてきた。

村の世話役の親爺は、

「結婚したら、早いとこ子供を作れ、というとります。子供が二、三人できりゃ、女は諦（あきら）めて落ち着きますよ。この村にも東京からきた嫁さんが二、三人いますが、良く働きますな」

と何とも乱暴なことをいった。スキーに行く未婚の女性は、地元の男にはくれぐれも気をつけよう。

若者にとって「閉じこめられた」という感じ、「出口なし」の状況ほど辛いことはなかろう。農村に住む若者にとって、車は大きな意味を持っている。車さえあれば、いつでも日常生活から抜け出して、山の彼方（かなた）、地平線の向うに行けるからだ。彼等はあらゆる犠牲を払い、全収入を注ぎこんで車を手に入れる。

役場や農協の駐車場をのぞいてみよう。

ピカピカの豪華な乗用車は新入りの若い職員のものだ。その横のポンコツ車や軽乗用車は部、課長のもので、理事長や助役はバイクや自転車でくる。

その人の鬱屈度の大きさに比例して車は大きく、立派なものになる。オンボロのバイクに乗って悠然と村の中を行くおえら方の姿は、現在の生活に充足している人間を憎いほど表わしていた。

四日目（横倉—津南17㎞）　国境の長い瀬を漕ぎ抜けると信濃川であった

顔を洗いに水辺に行くと浅瀬に一m程の巨大なコイが悠々と遊んでいた。これくらいの大きさの魚になると、胴まわりが人間とたいして変らず、動作に威厳があり、そのあたりの凡人よりも余程貫禄がある。ふん掴まえるのを忘れて、つい見とれた。

昭和一一年に完成した西大滝のダムは、千曲川を大きく変えることになった。

それまで海から遡上（そじょう）していたサケ、マス、アユ、ウナギがここで止ってしまった。もちろん魚道は作ってあるが、お役所仕事の常として「魚が上れない」魚道である（全国のダム、堰堤（えんてい）のほとんどが同じように役に立たない)。

魚道を改良して、再びサケの来る川にしようと、昨年(昭和五五年)千曲川の漁業組合が四〇万尾のサケの稚魚を放流した。親になるサケは千曲川には居ないので、北海道からサケの卵を買ってきて、孵化(ふか)させ、稚魚を得た。


千曲川、信濃川の舟運は鉄道ができる大正年間まで隆盛をきわめた。雪で杜絶(とぜつ)する陸上交通と異なり、川は冬の間でも利用できるので、大切な輸送路だった。

この川の船頭たちは「下り大名、上り乞食」といった。下りは流れに任せて行くから楽だが、上りは岸や浅瀬を歩き、ロープで舟を曳くのだ。特に冬は雪の上や氷の浮ぶ川を歩くので難儀した。

舟運は西大滝から十日町までの二〇kmは切れている。この間は大滝、小滝、平滝、足滝といった地名が続くことからも判るように、傾斜の強い急流が多く、川は大岩の散乱する谷底を奔走して、舟の航行は不可能だった。

西大滝のダム下は水が少なく、漕げないので、フネ、荷物を持って西大滝から汽車に乗った。七km下流の横倉で下車。駅前の川原で再びフネを組み立て、荷を積みこむ。

川はやや、水量が増えたものの、川原いっぱいに拡散し、浅くなって流れていた。白い波の間から岩が無数につき出て、勾配(こうばい)が大きい。

昔の川舟がここを航行できなかった訳がよく判る。横倉から十日町までの一三kmの間に三、四級の瀬が一五～一六ヵ所、水量の多い時には五級になるだろうと思われる瀬が二ヵ所ある。ダムで水をとる前は、今の二、三倍の水量があった筈だから、カーブの多いこの渓谷を荷を積んで重くなった舟が行けなかったのは当然だと思われる。

冷や汗をかきながら、瀬を漕ぎ抜ける。谷は深いところでは高さ二〇〇ｍもの岩壁が両側にあり、その上は山。紅葉時の眺めは絶景だろう。

「宮野原橋」を過ぎた。ここが長野と新潟の県境で、千曲川はここから名前が変る。

――国境の長い瀬を漕ぎ抜けると、そこは信濃川であった――

という名場面だ。

橋を振り返って感慨に耽（ふけ）っていると、フネが大きな白波の中に入って慌てた。川は急傾斜を滑り落ち、正面の五〇ｍ程の絶壁にぶつかって、その下をえぐって流れている。壁の少し手前でフネをぐいと曲げ、すれすれに通り過ぎる。

この「逆巻（さかまき）の瀬」で三年前にゴムボートで下った三人組が転覆して死んでいる。崖下の穴に一度入ってしまうと、水圧で強く押しつけられて脱出するのは難しい。水底の岩にひっかかって死体がしばらく上らなかった、という話をあとできいた。日本の川のように水深がなく、障害物やカーブばかり多い、陰険な急流では、操縦性のほとんどないゴムボートは無理だ。

三ヵ所の難所でフネを降り、ロープを曳いて通過した。一日中、前方の波に目をこらし、危険な瀬では力一杯漕いだので疲れた。急流を行くフネは、流されっぱなしだと方向転換の切れが悪い。流れより早いスピードで下ってないと舵が効かないので、急流が続くといつも漕ぐことになる。

津南の中津川の流れこみで泊る。

五日目（津南―岩沢31㎞）　大河は愛せるか

越後鹿渡の発電所下で水が戻ってきて川はどっと溢れて流れた。が、この水も二㎞下の宮中でまた取水され、川は再び細る。この発電所で作られた電気は東京に送られて、山手線の電車を動かしている。

川原が広くなり、両岸の崖が遠くまでのび、遠近法通りに先が細くなって空の中に消えていた。

もうヤマは越えたと思い、スプレーカバーを着けずに下ったら、まだ急流があって大波をかぶり、ヘソのところまで浸水。着岸して、水を出し、ひと休みする。

田の畦道に榛の木が等間隔に植えられている。これに横木を何段も縛りつけて、刈りとった稲をかけて干すのだ。「稲架木」と呼ばれている。この越後平野独特の風景も次第に失くなりつつある。農機具のおかげで、稲を干す必要がなくなったのだ。刈りとった稲は機械を出てくるときはモミになっていて、稲ワラは細く刻んで吹きとばされる。モミは熱風を吹きつけて強制乾燥させる。

「味気ないもんです」という人もいるが、では機械を使わずに米を作るか、と反問されたら、その人は口ごもるだろう。除草剤と機械のおかげで米作りはいまや最も楽な農作業となった。普段は会社勤めをして、土、日だけ趣味的に田に出て作れるのが「米」だ。

いずれ、田の畦道はアスファルトで舗装され、大型農機具の移動に邪魔になる、という理由で榛の木も切り倒されてしまうであろう。

三波春夫の「チャンチキオケサ」が賑（にぎ）やかに鳴り響き、「移動スーパー」の車がやってきた。集まった主婦に混って、ぼくもチーズ、レモン、アンパンなどを買った。

昨今では農村でも都会なみに主婦たちが、毎日その日に必要なものを少しずつ買う習慣ができている。農家の人で野菜を買う人が多いのには驚く。単作主義で、米なら米だけを作り、あとは買うのだ。余った時間は土方やパートの仕事をする。この方が得だという。

しかし、一つの便利さは新しい不便さを生み出す。例えば大雪が降って、交通が杜絶し、物売りの車がこなくなると、その日の食べ物にも困り、死活問題になる。これまでの農村の生活は「自給自足」が原則で、二、三ヵ月雪に閉じこめられてもびくともしなかったものである。

水沢の瀬を過ぎると、山が後退し、視界が一挙に広がる。五、六km先まで見通せる広い川原はさすがに日本一の大河である。

十日町を過ぎると、支流が数本入りこんだ。流れは二筋、三筋になり、また一本になり、複雑に交錯した。岩沢に上陸。

信濃川に入ると釣り人がぱったり居なくなった。土地の人が「川離れ」しているのだ。そのことは地元の人と話をすると判った。川が好きではないのだ。千曲川では人は川を楽しんでいたが、信濃川は怖（おそ）れられ、嫌われていた。

人々にとって、信濃川とは、一年の半分はどんよりとした雪空の下を黒々と流れる憂鬱なものであり、雪解けの頃は濁流、とほとんどマイナスの自然なのだ。これだけ大きな川だと存在そのものが暴力的で「川に遊ぶ」とか「川を愛する」といった気持ちにはとてもなれないのであろう。「小ブナ釣りしかの川」と歌うには、信濃川は大きすぎる。

六日目（岩沢—長岡35㎞）　ニシキゴイの大群を見る

終日しとしとと雨が降った。越後の秋雨の陰鬱さ。空も川も目に入る光景すべて灰色である。雨の中を漕ぐ。魚野（うおの）川との合流点。谷川岳に源を持つ新潟一の美しい川だ。

小千谷（おぢや）の発電所で水が戻ってくると、川はいよいよ大河となった。

小さな枝川の出口に真紅色の帯のようなものが見える。近寄ってみると、体長五、六㎝のニシキゴイが数千匹群れていた。

右岸の山奥にニシキゴイの産地として名高い山古志（やまこし）村がある。全村を挙げて田の中にニシキゴイを飼っている。一年に何回か魚の選別をして、色、形の悪いものは捨てるが、その捨てられた稚魚が村の小さな流れを伝って信濃川に出てくるのだ。

やがて長岡の長生橋。向い風が強くなったので、漕ぐのを中止して広々とした川原にテントを張った。風に吹きとばされないように石を要所に置いて重しにする。

これだけ大きな川で悪天候に会うと、キャンプ生活も難破船の漂着といった感じになる。実に心細い。しかし、テントの中に入ると布きれ一枚に囲まれた小さな空間とはいえ、すぐに空気が温まり、楽しき我が家となる。

ウイスキーを飲みながら、ヘッドランプを点けて、大藪春彦の本を読むのは実にいいものである。

七日目(長岡—大河津20㎞)　ただただ圧倒されっぱなし

こうして「腕力」だけで下ってみると、信濃川はつくづく長い川だ。日本は広いと思う。一二〇〇mの川幅いっぱいに流れる川は思わずのけぞる程の威圧感があった。その上に浮ぶ自分がゴミのように卑小に感じられ、昨日から圧倒されっぱなしである。川下りという言葉の中にあるカッコよさは消えて、唯々、受身になっている。

風が出て、大きな三角波が立ち、デッキを洗った。海のような重いうねりがフネを高く持ち上げる。追い風になるとフネが波頭の上に乗り、サーフィンのようにツツと前方に進む。力を入れて漕ぐが、風景が少しも動かないので全く張り合いがない。

漕ぐ手を休め、背もたせをはずして、体をのばし、あお向けになる。

フネは渺々とした信濃川を漂いつつ、ゆらゆらと下った。

長良川（ながらがわ）

急流に天然アユが跳梁する日本最後のダムなし川

民宿の主人に長良川の話をきく。（撮影：佐藤秀明）

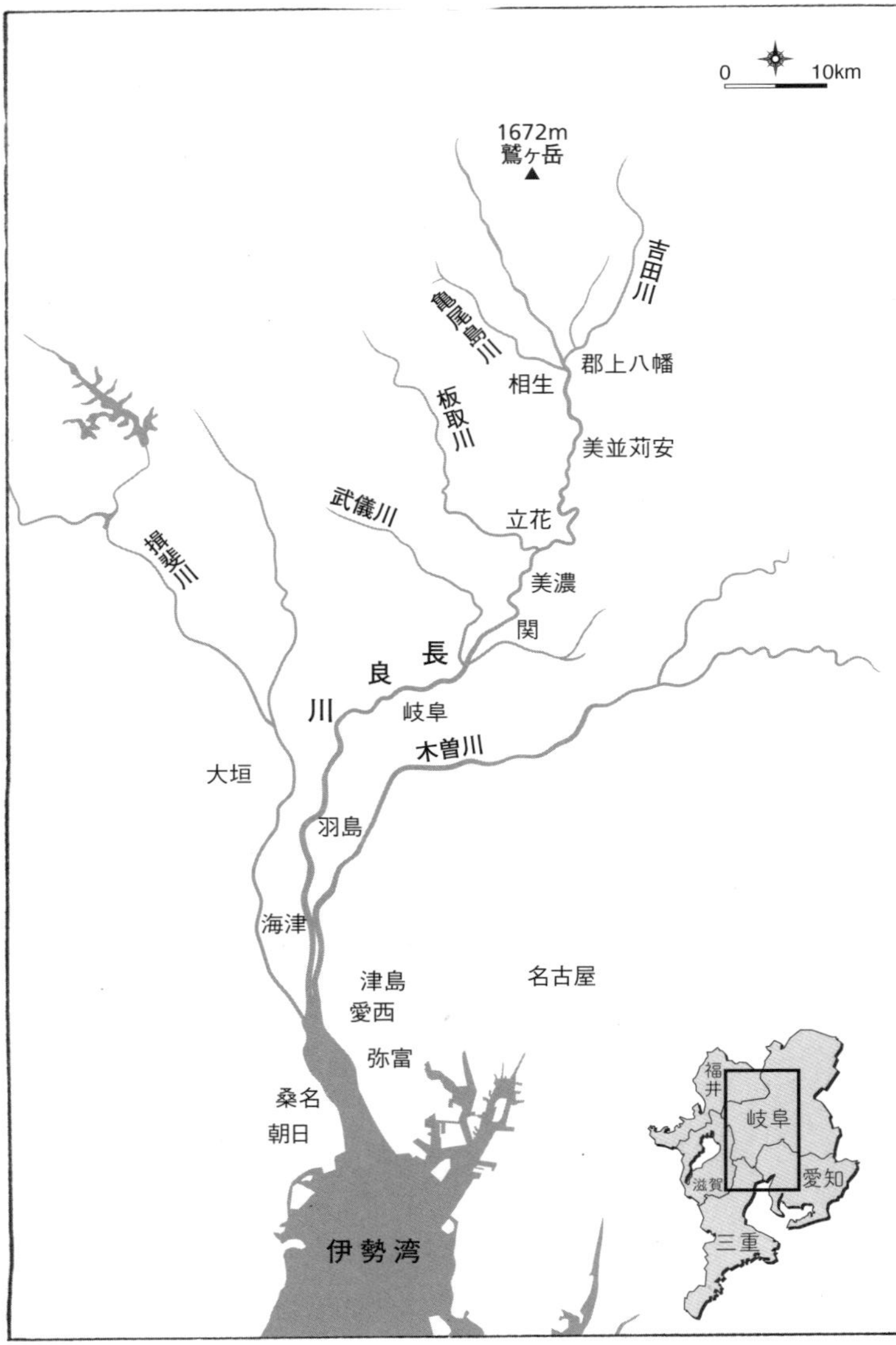
0
10km
1672m
鷲ヶ岳
吉田川
亀尾島川
郡上八幡
相生
板取川
美並苅安
武儀川
立花
揖斐川
美濃
関
長
良
川
岐阜
木曽川
大垣
羽島
海津
津島
名古屋
愛西
弥富
桑名
朝日
伊勢湾
福井
岐阜
滋賀
愛知
三重

冒険は三日もすると日常になる

郡上八幡（ぐじょうはちまん）はおかしな町だった。

山にすっぽりと囲まれた古い城下町で、山から湧（わ）き出る水が石畳と紅殻（べんがら）格子のある家並の間を流れている。

目抜き通りに面した家々には、入口の前の地面に鉄格子がはめこんである。その下はイケスになっていて、溝（みぞ）から水を引いてコイやアユを飼っている。

これは相当「物狂い」の多そうな町だ。そんな楽しい予感がした。

町の中で二つの小川が合流し、その川は町のはずれで長良（ながら）川に入る。

どこを歩いても水の音がきこえてくる。町の中心地には樋（とい）で引いた水桶（みずおけ）があり、

「これは天然のミネラルウォーターです。ご自由にお飲み下さい」

と書いた立札があった。

この水を某社ではタンクローリーを連ねて運び、そのままビンにつめてミネラルウォーターとして売っている。

郡上八幡は、七月から九月にかけて催される「郡上踊り」と八幡城が観光の二本柱だが、他にも名物

がある。

「郡上竿」と「郡上アユ」である。

流れの強い川でアユを釣るには最高の竿といわれる郡上竿は、和竹製の五本継ぎ。仕舞い寸法が一間半（約二・七m）。のばすと四間半（八・一m）。先調子の名竿だ。

川沿いの道を行く町の人がみんな川をのぞきこみながら歩いているのがいい。そしてみんな上機嫌になるのが、またいい。川底にゆらめく魚影が誰にも見えるからである。

町の真中にかかる石橋の下には数百匹のウグイが固まって泳いでいた。見とれているぼくのそばで、自転車に乗った爺さんが自慢の表情を押し殺していった。

「ここじゃ、アユ、アマゴでなきゃ、誰も見向きもせんのだわ」

町の男たちは一日中、川の話をしているようであった。

「川の水少し退いたようだの」

「〇〇岩が見えるようになったで」

「この前の月曜日な、朝、会社に行く前に二〇釣ってよ、夕方帰ってからまた一〇匹上げた」

夜、バーで飲んでいると、隣りに座った男が、突然「ヒッヒッヒッ」と笑った。

飲み屋でこの種の声を出すのはワイセツ行為をする時である、という一般法則に反して、彼はアユのカケバリを手にして、手近にあるおしぼりや、ふきんを引っかけて喜んでいるのであった。

「見てみい。このハリはようかかるでえ」

男は眼の前にいるグラマーなホステスには見向きもせずに、ハリを振り回した。

外に出ると、「夜回り」が金棒をジャラジャラと曳いて歩き、拍子木をチョンチョーンと叩いた。大正時代に大火で町の半分を焼失して以来、この町は火事には大変気を使っている。

テントを張っていた川原が雨の増水のために水没したので、近くの民宿に移った。

主人の清水さんは長良川ではアユ釣りの神様といわれている人である。泊り客は大阪や名古屋からアユ釣りに来た人たちだ。

長良川で一度釣ると他の川は物足りないそうだ。この川は日本で最も豪快なアユ釣りのできる川だ。水量が多く、流れが強いこと。アユの数がけた違いに多いこと、そして大きいこと——これが長良川の特徴である。

「ここのアユはな、いつも強い流れに向って泳いどるで、頭は小せえし、顔は押し潰されたようになっとる。そんで体は太って大きい」

近くの木曽川や、山を一つ越えた九頭竜川のアユは小さく、川が汚ないので、臭い。アユで一番うまいハラのところを食べられないからつまらない、そんな声をきいた。

「木曽三川」といわれる。木曽川、長良川、揖斐川のことだ。

河口でこの三つの川は一つになる。長良川の水の良さは魚にも判るらしく海から遡上するアユの数を調べたら、三つの川の中で長良川を選ぶアユが他の二つの川の二倍以上、という実験結果がでている。

夕方のテレビのニュースで、増水した長良川が画面に映った。

漁師たちが大きな「サデ網」で「濁りすくい」をやっている。川の水位が上がり、流勢が強くなると、魚たちは流されないように流れの弱い淀みに集まって難を避ける。そこを岸から長い柄をつけた大きなアミですくい獲るのである。

ところが、アナウンサーは「濁流渦巻く川に近寄るとはとんでもない。大変危いことをするものだ」という意味のことをいい、本当に困ったもんです、と眉をひそめた。

「馬鹿なことをゆうちょる」

テレビを見ていた男たちは口をそろえて憤慨した。アナウンサーもニュースの原稿を書いた記者も都会生まれの都会育ちの人間なのであろう。何も知っちゃあいないのだ。

「濁りすくい」「濁り打ち」（投網）「濁り釣り」等の増水時の漁は、日本中の川で昔からやっている大切な漁法である。

都会人間は増水した川を見て「恐しい」としか感じないが、田舎の人間は「魚を獲る絶好のチャンス」と考える。その違いだ。

何を見ても「危ない。危ない」というPTAのママ的超過保護の風潮はすでにスポーツの世界にも浸透している。いつか見た全日本のカヌー大会では、コースの両岸に一〇mおきに自衛隊のレインジャー隊員を配置していた。転覆して水に落ちた選手をすぐに「救出」するためである。

カヌーでは「沈」した場合流れの中でパドルを手放さず、自分の艇を確保して岸に着けるのは最初に覚えるべき基本技術だ。しかし、そのレースで見たのは、何もかも放棄して、薄ら笑いを浮かべて救出されるのをじっと待つ(ライフジャケットを着ているから何もしなくても浮く)赤ん坊の如き選手の姿であった。

これではまるで幼稚園児じゃないか、あれが果して「スポーツ」と呼べるものだろうか。嫌な時代になったものである。

「明日は天気良からず」

と宿のかみさんがいった。天気が良いという意味の郡上弁だ。

長良川は全長一六六km。今回漕(こ)ぐのはこのうちの六〇kmである。

一日目(郡上八幡―美濃相生(みのあいおい)10km) のっけから転覆する

――長良川の特徴は流れの強さ、激しさである。そんな書き出しを考えていると、フネは波にドンと叩かれてくるりと横転した。郡上八幡を出発して二分後のことである。ロールで起き上るのにも失敗して、フネに掴(つか)まったまま、すぐ下の三級の大きな瀬の中をもみくちゃにされて通過する。

船首と船尾の空間にふくらましたビーチボールを二つずつ入れておいたので、フネは沈まずによく浮いた。着岸して水を出し、再び乗りこむ。この調子では先が思いやられる。

それにしてもきつい流れだ。

ここのアユが流れに押されてブルドッグのような顔になる訳が身に沁みて判った。岸につないだ川舟が重く、頑丈に作ってあるのもうなずける。

長良川上流の川舟はこれまで他の川で見たどの舟よりも丈夫で、重くできていた。槙の木の中心部の板を使い、板は九分(約三cm)の厚さ。水に下ろすのに四人の男の手が要るほど重い。これだと大波にもはねとばされることがない。宿の主人がいったものだ。

「長良川を下る時は古いフネは使えない。新しいのでないとバラバラにされる」

長良川は中流の美濃市過ぎまで、大規模な渓谷である。川は岩盤を五～一〇mの深さで浸食して流れ、左右は岩松を生やした垂直な岩壁。陸の上を行く不注意な旅行者は、すぐ近くを通っても、この幅二〇m程の細長い地殻の割れ目に気づかないかも知れない。

白く荒れるワイルドウォーターが切れ目なく続いた。傾斜が大きくて、見通しの利かないところでは、その都度、フネを岩の間に入れ、岩によじのぼって行くべき水路を検討した。三級と四級の瀬が交互にあり、フネはいつも波に洗われ、上半身は乾くことがない。郡上竿をのばした釣り人がちらほら。

若い女性の釣り師もいたが、フネを漕ぐのに必死なので、「ネエちゃんカッコいいね」と声をかける余裕がない。

「泡瀬」と呼ばれる瀬。滝のような急傾斜を落ちた水が深く潜りこみ、川一面に白い泡をまき散らし、そこから数百mにわたってサイダーのように白い泡がプクプクと浮上していた。

相生橋の下に難所。カーブして岩壁にぶつかった流れの下に島のように大きな岩が三つ横に並び、複雑な水路を作っている。

そこを抜けてすぐ下の川原にキャンプ。

二日目（美濃相生停泊）　青い淵の中で

朝、川に入って体を洗っていたら、上流からゴムボートがやってきた。ここをどうやって漕ぎ抜けるのか、お手並拝見だ。興味津々で眺める。他人がひっくり返るのを見ることほど面白いものはない。四人の漕手を乗せたゴムボートが波につき上げられて、乗り手の体がポンポンと弾んでいる。水に落ちないようにフネにしがみつくのに精一杯で、漕ぐどころではないのだろう。ボートは流されっぱなしで、何の抵抗もせずに主流に乗ったまま崖にもろにぶつかった。

岡目八目で、少し高い岸の上からは水筋がよく見えるだけに歯がゆい。

「馬鹿。漕ぐんだ。流れに逆らわんか。漕げ、漕げ！」

声を出して応援するが漕手たちはちょっとパドルを動かしただけで諦めている。彼等の間から声が少しも出ないのは川に圧倒されて、恐慌状態に陥っているのである。「キュルルル」と岩に押しつけられたボートが音をたて、四五度に傾く。ボートからバラバラと人が水に落ちる。

カヌーにとびのって下手に回り、流れてくる荷物を拾ってやる。といっても、そこも三級の急流が続いているので、こちらも自分のフネを浮かべるのに精いっぱいだ。重い荷物を拾い上げるとカヌーがぐらぐらする。岸に戻ると一人足りない。はるか下の方で赤いヘルメットが浮き沈みしていた。カヌーを再び出して現場に急行する。小さな岩の上をのり越えて落ちた水が逆流して巻き返している中に入って男は出られなくなっていた。

「フネの尻に掴まれ。しっかり掴め」

と声をかけて、男を波の中から引っぱり出す。彼は岸に上ると、少し水を吐いた。

「あんな返し波に入った時は、逆に底の方に思いきり潜るんだ。そうすればすっぽりと脱出できる」

彼等の身につけたライフジャケットがちゃちなのに驚く。

「そのライフジャケットは小さ過ぎるよ。三kgか四kgの浮力だろう。長良川クラスの川だったら一〇kg、せめて八kgの浮力がないと波に押えつけられて浮かばないぞ」

といっていると、また一隻のボートが現れた。この組はとっくに闘志をなくしていて、ボートが崖に向かってまっすぐ流されていくと、乗り手はさっさとフネを捨てて、水にとびこんで泳ぎ始めた。

大阪から来たという八人の青年たちにぼくは意見をのべた。

——このボートは確かに四人乗りと書いてあるが、四人乗りこむと浮くだけで、操縦が利かない。これには二人で乗るべきである。チームワークがバラバラで、一目見て「訓練不足」が判る。もう少し、流れのゆるい川で始めた方がいい。長良川の上流は日本でも十本の指に入る急流だ。ここから下は簗(やな)

がいくつもあって、障害物がもっと多くなることが予想される――

彼等はここから帰ることになった。

雨の濁りがとれて、川の水が澄んできた。

本州随一の清流、といわれるだけのことはある。長良川の水の美しさに触れるとき、地元の人が決まって言及する川がある。

テントのすぐ近くで流れこむ「亀尾島川」である。長良川に入る多くの支流の中でも最も美しい川だ、と人々はいった後で、こうつけ加えるのであった。

「この間まで、長良川があのくらいきれいだったんです」

この川を見に行くことにした。

フネをたたんで、橋のたもとの雑貨屋に預ける。バックパックを背負って、ヒッチハイクで川沿いの道を山に入った。

拾った車を運転している男は、この先の山奥は人が居なくなって熊が出るようになった、と話した。

「去年、この川のずっと奥の淵にハエナワを仕掛けましてね。朝、暗いうちに上げに行ったんですよ。すると、誰かが私のハエナワを引きあげているんです。そいつは泳ぎながらタバコをくわえてましてね。コラーッと怒鳴って行ったら何とそれがクマだったんですよ。タバコの火と思ったのは、クマの眼が赤く光っていたんですね」

車を降り、少し歩いて谷に下りる。

この奥に二つの部落があったが過疎で数軒になり、残った家は強制疎開で町の方に移転させられた。ここは豪雪地帯で、冬期の生活道路の確保、通学児童のための除雪や郵便配達の困難、電気、電話線の維持など、小さな村の財政では手に余るようになったのである。

川の水は澄み過ぎて、最初、川を見た時、一瞬水がない、と思ったくらいに透明であった。さっそく川に入る。水温は本流より三度低く、一五度前後。

冷たいのでシャツを二枚着て潜った。エメラルドグリーン色の深い淵は直径一五m、深さ約九m。底の岩や沈木のかげにスーッと逃げていく五〇cm大の川マスが三匹。腹にブルーの筋と赤い斑点のあるアマゴの群れが、頭をそろえ、上流に向かって泳いでいるのが美しい。岩の裂け目の中に身をひそめ、眼だけ光らせているウグイ。閃(ひらめ)くように素早く動き、きらりと反転していくアユ。

川漁の好きな人間が日頃夢に見ているのはこんな川の、こんな淵である。

底の数ヵ所に湧水(わきみず)が吹き出していて、砂を巻き上げている。ちょうど真上に太陽が来て、水面に浮んだぼくの大の字の影を底にくっきりと映した。まるで大きな青いガラス玉の中にいるようである。水底に降り、魚を追った。手モリでアユ、アマゴを数匹突く。マスも一匹突いたが、暴れて、自分の身をひきちぎって逃げる。石の上にとまったセミが「つくづく惜しい」と鳴いた。しばらく水に入っていると体が冷えて震えがとまらない。この水温では一五分が限度だ。

魚を焼き、ウイスキーに川の水をすくって割る。この川の水はすべて純粋なミネラルウォーターである。

巨大なオニヤンマが眼の前の水面をしきりに尻尾で叩いている。

三日目（美濃相生―苅安5㎞）　ナワバリ意識はどうしてできるか

長良川の修羅場にどっぷり浸っていた時は感じないが、一度離れて戻って見ると、改めて、おれはかなり危険なことをやっている、と思った。

フネを出して急流に体が慣れるまでの最初の三〇分は、恐しかった。

両岸の上にそびえる山をうしろに体をそらして見上げる。

相戸に高さ一ｍの堰堤。ここで、二年前にカヌーで下っていた男が一人死んでいる。

簗場を漕ぎ抜ける。ある簗場で、五ｍ程開いた水路の上に材木がつき出ていた。それに気をとられて岩にひっかかり、沈。ぐるぐると体が回転し、底の岩壁にはりつけられた。水流で岩に押しつけられて、浮力八kgのライフジャケットをつけているのだが、浮上できない。

目をあけて、両手で岩をさぐり、岩登りの格好でよじ登る。水面近くなると、体がするりと岩から離れ、ポッカリ浮き上がった。フネを捜しながらそのまま泳いで下る。フネはすぐ下の岸にうち上げられていたが、パドルは流失。予備のパドルを出す。

苅安で上陸。

川原を吹く風向きが変ると、時々「スイカ」によく似たアユの匂いが強く鼻をうった。好きな人は釣りあげたアユを手や顔になすりつけ、この匂いを移して喜ぶ。

長良川で釣れるアユは九割が天然遡上したもの、あとの一割が琵琶湖産の放流アユだ。

今の時期のアユ漁は「友釣り」が主体である。これはいうまでもなく、アユの「ナワバリ」を持つ性質を利用した日本だけの漁法だ。一度、水中から「友釣り」の様子を見たことがある。

鼻輪でつながれたオトリのアユがナワバリの中に侵入すると、ナワバリの主のアユは侵入者に体当りをくらわせて追っぱらおうとする。何度もくり返して体当りするうちに、オトリの尻尾のところにあるカケバリにひっかかってしまうのである。

上手な人のオトリは水中で自然な動きをするが、下手な人がやるとオトリは強引に引きずられて動き、どことなくおかしい。少しでも不自然な動きをすると、アユは近寄らないから、釣れないということになる。

長良川はダムや堰堤が一つもない川として知られている(相戸の堰は、両端が切れており、少し増水すると水没し、魚の遡上には余り関係ない)。天然遡上のアユが多いのになぜ、湖産アユを放流するかといえば、海から上ってきたアユはナワバリ意識が薄く、友釣りには向かないからである。その点、狭い湖で生れ育ったアユはすぐナワバリを作って、他のアユに猛烈な敵愾心を持つ。

そういえば、北海道では家にヘイがなかったが、あれは広いところで育った人のナワバリ意識のなさであろうか。

長良川ではアユのエサである石の苔の発育が良く、一匹のナワバリの広さはだいたい一平方mだといわれている。これは他の川に較べると大変狭く、それだけ多くのアユを養えるということだ。

焚火を起し、ウイスキーを飲む。通りがかりの釣り師からアユの差し入れ。

ちょっと一杯どうです、とつき合って貰った。夕暮れの川原で、火の前に座りこみ、見知らぬ人と心を開いて酒をくみ交すこと、これも川旅の楽しさの一つだ。

パチパチとはぜる火が老漁夫の大きな手と顔を赤く照らす。ぼくはこのような老人の身の上話、一代記をきくのが好きである。

四日目（苅安―美濃立花16㎞）　消えゆく最後の自然河川

アユをブツ切りにしてフキと一緒にミソ汁を作る。ご飯を炊き、吹き上った飯盒（はんごう）の中に三匹のアユを頭を上にしてつっこむ。蒸した後、アユの頭を引っぱると身がとれて骨だけ抜ける。ショウユを入れてかき回し、アユメシだ。

川原での夏のキャンプは朝七時までに食事その他の仕事を終っていなければならない。七時過ぎには陽が照りつけ、テントの中は蒸し風呂になるからだ。

川沿いに点在する人家には美濃の昔からの風俗がまだ残っていた。

背後の山から竹の樋で水を引き、「水フネ」と呼ぶ水槽（すいそう）に溜（た）める。水フネの中は二つに分けて、一方は飲料水用、片方は野菜や茶碗などの洗い場になる。その水は捨てずに池に落し、コイやマスを飼う。

魚は野菜クズや残りものを食べて丸々と太る。池の水は(今は使われていないが)水車小屋に引きこんで米をつき、更にその水は洗濯物用の洗い場に流れる。この水のリサイクルは素晴しい。

炎天下の畑にしゃがんでいる農夫にはタケノコの皮で編んだ傘を頭にのせ、背中にはミノという古式豊かなスタイルの人も見られた。確かに強い日ざしを防ぐにはこの格好が一番良い。アブや虫よけに、昔はボロに火をつけたもの(カビといった)を腰に下げたそうだが、今では携帯用の蚊取り線香に替っている。

出発。昨日に引き続き、難所の多いコース。甘えや感傷の入る余地のない、強烈な急流がどこまでも続く。男性的ないい川である。水量が多いので体に当る波の衝撃が他の川に較べてけた違いに強い。

冒険は始めて三日もすると冒険ではなくなる。それが日常になるのだ。最もスリルに満ち、不安に苛(さいな)まれるのは家を出る迄(まで)だ。急流は実際に突入したり、転覆した時よりも、街の中や机の前で考えている時の方が恐しい。

山の霧が川に下りてきて、水面の上に二m程の厚さでゆっくりと渦を巻いて漂う。フネはその霧を切裂いて進んだ。雷が鳴り、遠くの山で降り出した雨が一つ一つ山を包みこみながら、こちらにやってくるのが見える。大粒の雨が降り出す。一人の釣り師が川の中につっ立って、激しい雨に打たれながらニギリメシを頬張っていた。

「雨が口ん中に入るで、こら、お茶が要らんわ」

竿を投げ出して避難しているのはカーボン竿を持つ釣り師だ。通電性の良いこの竿は落雷すると危険なのである。

雨が止み、また陽が照りつけると、濡れた体から湯気が陽炎（かげろう）のようにゆらゆらと立ち上る。入道雲の下でセミがジージーと鳴き、汗が吹き出てくる。

美濃立花の板取川の流れこみに上陸。

歩いて板取川を少し遡（さかのぼ）ってみた。

この川は長良川支流では最大の川だ。小さな部落の特定郵便局の前で子供たちが歓声をあげて泳いでいた。プール全盛の現在ではなかなか見られない懐しい風景だ。

この清流もやがてなくなる。長良川の河口堰（せき）とセットにして、この上流の板取村にダムができるのだ。

日本で唯一の「ダムのない川」長良川の河口に堰を作る計画が発表されたのは七年前だ。流域には収入の三〇パーセント以上を漁に頼っている者が一万人以上居る。彼等を中心に反対運動が起きた。

しかし、今年の三月に「長良川河口堰差し止め請求訴訟」はとり下げさせられ、一応の落着を見た。

国(水資源公団)側の挙げる堰を作る理由としては、長良川の洪水防止、塩害防止であるが、本音は伊勢湾臨海工業地帯に送る工業用水の確保である。

河口に高さ一・三mの堰堤を作り、ほとんどそっくり川の水をとってしまう(毎秒二二・五トンを取水。これは渇水期に長良川が岐阜市あたりを流れる水量の九〇％に当る)。

反対派のいい分はこうだ。

一、アユ、マス、ウナギ、スズキ等海と川を往き来する魚類は大打撃を受ける。

二、河口に静水地帯ができると、ヘドロが溜り、水が濁って、ドブ化する。利根川河口堰ができて、上流の霞ヶ浦がドブ水になったのが好例である。

三、水資源公団は「魚道」を作るから、魚の遡上は問題ない、というが、全国のダムや堰堤にこれまで作った魚道でまともなのは一つもない。

アユを例にとると、川に一本のロープを張り渡しただけで、アユは決してそこから先には行かない。それほど人工物、不自然なものに対して警戒心が強いのである(その性質を利用した漁法がある)。だから、余程巧妙な魚道を作る必要があるのだが、公団にそこまでの誠意があるかどうか。

ダムのある他の川でやっているように、放流という案もある。しかし、現在の長良川を自然に遡上する厖大な魚の数に較べたら、いくら放流しても、九牛の一毛に過ぎない。

アユは秋に河口の上流の砂場で卵を産み、孵化した稚魚は海に帰り、翌年の四、五月に川を遡ってくる。このアユの幼魚が海に下るのが完全に阻止される。取水口から吸いとられてしまう。

桑名名物のハマグリ、アサリの漁場は淡水の流れこみが絶えるので塩分濃度が上って死滅する——等々。

多くの問題が提起されたが、結局、住民パワーが国家権力に負けた。

一人の漁師がいった。

「結局、わしらの子供の代になったら、アユちゅうもんは焼くとサンマのような煙が出る、脂（あぶら）ブトリの魚だ、というようになるのでしょうね」

右の特徴は「養殖アユ」のものである。

日本の他の川と較べて、長良川流域の住民の「川意識」は異常に高い。

「長良川は日本一やろうのう」

「こんなええ川はよそにゃ、ねえでよ」

と自慢する。

これほど、住民に楽しみと経済的な利益をもたらしている川は日本でも数少ないだろう。この川のアユは商品価値が高いから、ちょっと川に行けば金になるのだ。

腰の曲った老人が趣味的にアユを釣ってひと月に一〇万円くらいの小遣いを稼（かせ）ぐ。

建設省の発表では昭和六二年に河口堰は完成予定。

こうして、日本で唯一つ残された、美しい自然のままの川が消滅する。


五日目（美濃立花—岐阜28㎞）　アユがひしめく御料場

早朝出発。立花を過ぎると、空が広くなった。急流がなくなり、ここからはファミリーコースだ。

体が川のリズムを掴み、川底の凸凹の一つ一つを肌で感じる。

時々、パドルを水に立てて水深をはかる。深さが判ると、ぼくの頭の中で川の立体的な地図ができるのだ。

長良川には「皇室専用区域」がある。

岐阜市から五㎞程上流の古津に約四〇〇mの禁漁区間が設けられているのがそれだ。年に数回、鵜(う)飼(かい)漁でアユを獲り、皇室に献上する。

「御料場のアユはでっけえ」

と地元民はいう。いつも様々な漁法で追われている他のアユに較べると、ここのアユはおっとりと育っているのだろう。

御料場のことをいう時、人はみな涎(よだれ)を垂らさんばかりの表情をする。

そこに潜ってみた。

最深部八m程のその一角はアユが密集していた。ぼくはこれまでこんなに多量の大きなアユが泳いでいるのを見たことがない。アユが重なり合ってひしめいており、底の岩が見えないほどであった。

この皇室御用達のアユをねらって密漁者が絶えない。この地域専用の監視員がいて、毎年一〇人から二〇人の逮捕者が出る。

このあたりでは昨年、野生の鵜がやってきて、大きな被害を蒙(こうむ)っている。

昨年末、名古屋で女子大生が誘拐(ゆうかい)され、殺害された事件はまだ記憶に新しい。死体を捨てたと見られる木曽川河口一帯に大勢の人が入って川を渫った。その騒動に驚いたのは河口一帯にいる野生の鵜で、それが長良川に逃げて来たのだ。何百羽という鵜が編隊を組んで次々と飛来し、長良川の魚を食べまくった。

漁業組合の役員はいう。

「口ばしをヤスリで削られた鵜飼のおとなしいやつと違って、野生の鵜はモーレツですよ。ちょうど放流したばかりのアマゴを随分やられたですね。一匹九〇円もしたアマゴが目の前でどんどん食われてしもた。口惜しくってね。一時はあの犯人に損害賠償請求を出そうかといってたほどです」

だから、今年のマスの遡上はきっと少ないんではないか、という(アマゴは一度海に入り、成長し、マスになって遡上する)。

左手の上空に城が見えた。金華山山頂の岐阜城である。大きな橋をくぐり抜け、忠節橋の下の左岸に上陸。ここから先の長良川は濁るのでここで切り上げる。フネをたたみ、タクシーにのせて岐阜駅に向った。

タクシーの運転手は鼻をくんくんさせ、笑っていった。

「お客さん。アユをたくさん獲ったでしょう」

体に沁みついたアユの匂いは家に帰っても二、三日消えなかった。

熊野川（くまのがわ）

日本一の多雨地帯に源を発する筏師のふる里

カメラマンの家族と一緒にカヌーを漕ぐ。（撮影：佐藤秀明）

1915m
八経ヶ岳
1805m
仏生嶽
釈迦ヶ岳
1800m
大台ヶ原
1695m
日出ヶ岳
小橡川
東ノ川
古川
備後川
1045m
高峰山
神納川
風屋ダム
池原ダム
1353m
笠捨山
大又川
七色ダム
西川
十津川
温泉
1077m
玉置山
上湯川
果無
北山川
十津川
熊野本宮
四村川
大塔川
熊
野
川
赤木川
和田川
相野谷川
相賀
高田川
新宮
熊野灘
佐野
那智勝浦
太地
浦神
古座
潮岬
0
10km
奈良
三重
和歌山

家族でツーリング

今日はファミリーカヌーである。

カメラの佐藤さん夫妻とその娘の彩（あや）ちゃん（一一歳）、ぼくの妹の計五人のパーティだ。

新宮（しんぐう）駅で落ち合い、佐藤さんの車に荷物を積みこんで上流に向った。

日本で最も雨量の多い大台ヶ原（おおだいがはら）（奈良県）に源流を発する北山川と、もう一つの十津川（とつがわ）が合流して熊野川となる。全長一八三km。紀伊半島を東流して、新宮市で太平洋の熊野灘（なだ）に注ぐ。

最近、建設省がこの川を「新宮川」と改名して、標識を立てているが、地元の人は新宮川とは一体どこの川だ、といっている。

一日目（支流玉置（たまき）川畔で泊）　魚の手掴（てづか）み漁法を教える

われわれが下るのは北山川からである。

河口から二五km遡（さかのぼ）った地点で、十津川と北山川が合流しているのを見て通る。

前日は雨だったが、十津川は茶色に濁り、一方の北山川は普通の清流に近い水である。

北山川上流の住民はいう。

「この川は山がしっかりしとるから一〇〇㎜ぐらいの雨ではびくともせん」

全国どこに行っても、昔に較べるとちょっとの雨でも川が濁るようになった、という声を耳にする。流域の山の乱伐のせいである。特に国有林はひどい。禿げ山を見たら国有林と思え、と山の人はいう。

北山川流域はほとんど民有林で、伐採されておらず、それがこの川を救っている。

初日はまず、ゆっくり水辺の生活を楽しもう、と手頃なキャンプ地を捜した。出発点に近い支流、玉置川に荷を下ろして、テントを張る。

川からは、部落の家や生徒数六名の分校が見える。川幅五m、最深部で二m程の細長い淵のある川だ。

岩の多い山から湧き出た川の水はかすかに青みを帯びていた。

まっさきに川に入った佐藤さんが、声を出して高く手を挙げた。その手の中でウグイが跳ねている。

「たくさん居るぞーっ」

水中眼鏡をつけてとびこむと、淵にはアユ、ウグイが右往左往していた。流れのあるところには小さなアマゴも見える。

川底が岩なので、かき回しても濁りが立たず、澄んだ水を通して遠くまで水の中が見渡せ、気持ちが良かった。

ぼくはこのような淵を偏愛する。

彩ちゃんに手掴み漁を教えた。

「いいか、この下の穴の中に魚が隠れている。それを掴むんだ。大きなやつはまだ君には無理だから放っときなさい。両手に入るような小さな魚だけねらうんだ。手を穴に入れると魚がごちゃごちゃしているからね。その手をひっかき回すとみんな逃げちまう。力を入れないで、そっと手を動かして魚を選びなさい。君の手に入るくらいのやつだけ一匹を選んでそいつの頭と尻尾（しっぽ）を押えこむんだ。最初はそっと力を入れずに、完全に手の中に入ったら力を入れてぎゅっとやる。魚が滑るようだったら爪を立ててごらん。ほら、こうして、こうだ。それから、こうっと。やってごらん」

自分の背丈以上の深さに潜って、魚を掴むのは、子供にとって至難の技だ。水中ではフワフワ体が浮くから、穴に入れた手に力を入れようがない。せっかく魚を掴んでも、体が浮き上って逃がしてしまう。まだ、足びれをうまく使えないのだ。そこで、彼女の両足首を握って体を固定し、岩に押しつけてやった。

そして、息が切れる頃を見はからって、ぐいと引っぱり出してやる。

何度もやった後で、

「獲った、獲った」

彼女の最初の一匹は、五cmの小さなウグイだった。

この話が広まって、後日、ぼくに電話がかかってきた。

「何か鵜飼（うかい）のようなものをやってるんだって？」

人が近寄ると魚は近くの穴の中に隠れるので、そこに手を入れて掴む。水がきれいで魚の動きは全部見えるから、大きいやつだけ選んで獲った。

アユ、ウグイを約二〇匹獲って、塩焼きにする。魚のワタ出しは彩ちゃんの仕事だ。いつもキャンプにくるとやっているので手慣れたものである。ハラワタはおろか、眼玉まできれいにくり抜かれた魚を見て、母親が心配する。

「この子はサディストじゃないかしら」

「大丈夫。子供は生れつき残酷なものなんだ。生きものを殺さない子供なんて、去勢されたダメな子だよ」

五人のキャンプは労働力が多いから楽だ。一人が何か一つのことをやればいい。

焚火を囲んで、魚のクシを立て、ジャガイモ、肉を焼き、酒を飲む。

二日目(田戸に停泊)　日本一広い面積をもつ村、十津川

一つ山を越えて田戸に行く。ここは下流からやってくる遊覧船の休憩所になっている。

ここから上流二kmまでを「上瀞」、そこから更に上流は「奥瀞」と呼ばれる。

道路から長い石段を降りて、川原に出る。

川原には売店の天幕がいくつか並んでいた。

そこから一〇〇m程上流の川原にテントを張った。川幅約三〇m。両岸は垂直の岩壁が屹立して

いる。

遊覧船がひっきりなしに通り過ぎる。ここにいる人間はいつも船の乗客の眼にさらされる。気楽に寝っころがったり、立小便をすることもできない。

五時に最終船が通ると、川はやっと静寂をとり戻し、地元の人がヤレヤレといった顔で川に漁にくる。ウナギを獲る置きバリやモドリ(ウナギカゴ)を仕掛けるのである。

川に入って泳いだ。頭を水に浸けるとゴーッと川の唸る音が体に伝わる。どこかで石が流れる音がカラカラとする。

石鹸をつけて体を洗うと、ワッと小魚が寄ってきて体をつつく。

売店で「目張りズシ」を買った。もともとこのあたりの山に入る人が持って行った「携帯食」で、高菜の大きな葉にごはんを包んだものだ。

名物になった今は食べやすく、小さくなっているが、昔のオリジナルの「目張りズシ」は長さ二〇cm、直径一〇cmくらいあったそうだ。それにかぶりつくと、目がつっ張るので、この名がついた。

夕食後、崖の上の民宿に話をききに行く。

こちらの方が涼しいですよ、と主人が家のすぐ前にかかった吊り橋の上に案内する。この家では夏は橋を応接室がわりに使っているのである。川の上空三〇mにユラユラ揺れる板張りの橋の上は虫も来ず、風がよく通って快適だった。

この民宿は車の入る道路から、幅一mくらいの細道を五分程登ったり、下ったりして歩いた場所にある。陸より、川から出入りする方が便利で、家の下の川原にはモーターをつけた川舟が置いてある。

彼の家から更に一〇〇m高い山の中腹にも何軒か家があった。そこに行く唯一の道はひどい傾斜のつづら折りの山道である。

郵便配達夫が一番上の家まで行くのに三〇分かかる。だから二〇軒も配ると、一日が終ってしまうそうだ。

「私の家も、あの上の方の家もみんな下から材木を一本一本、人の肩で運び上げて建てました」

田戸部落の属する十津川村は「日本で一番大きな面積を持つ村」と言われ、奈良県の五分の一の広さがある。

村の九六%の土地が山林で、耕地面積は一%。人口約七〇〇〇。ほとんど山仕事で生活している。人口は一〇年前の半分に減少した。

この村の家はほとんど山の斜面にある。

高い石垣を積み上げて、平らな土地を作り、その上に家を建てるから、どの家も横に細長い。

外界との唯一のルートは川で、物みなすべて川を上ってきた。

「海の魚はみんな干魚か塩もので、うちの爺さんなんか、海の生魚を昭和の初めまで見たことがなかったそうですよ。生魚はブエン(無塩)といいましてね。この間まで『今日はブエンぞ』というと大変なご馳走でした」

山林労務者の後継者難も深刻だ。統計によれば、昭和五六年、全国で新しく山仕事に就業した人数は四〇〇人。この村も若者が居ないので、過疎は進むだろう。

ある巡査の話によると、彼の管轄内の一三〇軒のうち、赤ん坊のおしめの見えるのが二軒。村では子供は「宝物」だそうである。

村を結ぶのは村営のバスだ。「乗降自由バス」つまり、村内のどこでも自由に乗り降りできるバスで、村の端から端まで一時間半、料金が八四〇円かかる。

さすが木の本場だけあって、田戸のバス停の小屋は総ヒノキ造りである。

村内には二二〇の集落があり、中学生になると、遠い部落の子供は学校近くの寄宿舎に入る。

ちょうど奈良、和歌山、三重と三つの県の県境で、「飛び地」が方々にあり、複雑に入りくんでいる。例えば、田戸の旅館の本館は奈良県だが、二〇m離れた別館は和歌山県だ。「十津川郷士」として知られる「サムライ」の多い村で、現在でもある年齢以上のお年寄りは、お互いを「〇〇氏(うじ)」と呼び合っている。

もっとも、河口の新宮の人たちにいわせると、十津川のサムライは貧乏侍だったそうで、先年、新宮の古物商が十津川から三〇〇本の古刀を買い集めたら、まともなのは二、三本しかなかった、ということである。

現在は村内にも舗装道路ができ、車が走っているが、ほんの数年前まで、十津川村と外界を結ぶものは川舟しかなかった。当時、村の中を走っていたトラックも、一度バラしてフネで運び、「センン」(線)

と呼ばれる簡易ロープウェイで崖上の部落の道まで上げて、そこで組み立てたものであった。
谷間の田や畑にも、収穫した農作物を山上の家に運ぶための「セン」が見うけられた。

熊野川は日本の筏(いかだ)流しの発祥の地である。

この川の筏流しの歴史はわが国で最も古く、新しく筏流しをやる川には、ここの「筏師」が出向いて技術を伝えた。

北は北海道、樺太(サハリン)、南は九州、朝鮮、満州にまで熊野川の筏師が活躍した。

日本中の筏師たちが、かつて川を下りながら愛唱したのは「鴨緑江節(おうりょくこうぶし)」だ。

昔は筏師だった、という老人に会うと、どこの川の人もこの鴨緑江節を懐しそうに歌う。筏の技術の横のつながりを通じて、歌い伝えられたのであろう。

筏の全盛期は明治時代だ。当時、熊野川には七〇〇人の筏師がいた。

一日中水に浸けているので筏師の足は夜間はほてる。川べりの舟宿のフトンは、だから、どれもスネから先が出るよう短く作ってあったという。
「団平(だんぺい)」と呼ばれる川舟も熊野川を上下した。

流域の木材、物資、そして人間も、すべて河口の新宮を窓口にして出入りする。新宮の川原にはずらりと物売りの家が建ち並び、賑(にぎ)わった。

これらの家は、川が増水するとすぐにたたんで土手に引きあげられるよう、釘(くぎ)を一本も使わずに作ってあった。水がくると、一五分もあればそっくりたたんで高台に運び上げる。
新宮川原の賑いは昭和二〇年頃まで続く。

大正六年にアメリカの飛行家、アート・スミスがやってきて、新宮川原で飛行機を飛ばして見せた。これにヒントを得て、プロペラ船を作った者がいた。熊野川は浅いので、スクリューが使えないのである。

直径一・五mのプロペラと飛行機のエンジンを船尾に乗せた船は、当初「飛行艇」と呼ばれる。このプロペラ船は、昭和四〇年に船底から吸った水を噴出させて走る「ウォータージェット船」にとって替られるまで川の主役であった。

当時の船長の話。

「プロペラ船はアイデアとしては面白いものでしたな。スピードも良く出た。しかし、音がひどかった。三〇〇馬力のエンジンの爆音は大変なもので、船上では話ができない。川べりの学校では授業ができない。

その頃は今よりもコースが長くて、新宮―田戸間の四五kmでしたが、往復で五時間も乗ると、わしらは頭がボーッとなってしもたもんです。一二〇フォンの騒音ですよ。今のジェット船で九〇フォンです」

感傷的な人たちから、昔のプロペラ船をもう一度浮かべろ、という声がかかるが、騒音の点で問題にならないそうだ。

北山川上流に三つのダムができて、筏流しは昭和三三年に廃止になった(もっとも今は観光用の筏が音乗(おとのり)から田戸まで復活した)。

ダムができて変るのは川運だけではない。

ダムの放水口をダムサイトの下の方につけているので、湖底の冷たい水が流れて、川の生態系が変る。水温が下がって魚の種類と数が減る。

ダムに溜(たま)った水にプランクトンが発生するので川の水が濁る。川の流れが運んでいた土砂がダムで止り、川の砂利がなくなり、川原が小さくなる。ダムで水が流れなくなったので、大雨が降っても川底の岩石がきれいに洗われることがなくなった。石には古い腐った苔(こけ)がついたままだ。

それを食べるアユが不味(まず)くなった。

村人曰(いわ)く、

「上から見ただけでは判りませんがね、川の水の濁りはダム以前の数倍です。カガミ(水中眼鏡のこと)で川の中をのぞいてみればよく判りますよ。ここのアユも最近ではアブリ(干しアユ)にして煮物のダシにしか使えませんな」

しかし、最も大きな変化はダムの莫大な補償金が村に落ち、村人の人情が変ってしまったことだろう。ダム建設の札束旋風以後、村の中が何かギスギスしたものになった。それまでの連帯感や心の交流がなくなったような気がする、と一人の村人が嘆いた。

ダムは自然も人間も変えるのである。

十津川村の八割が山持ちだ。といってもそのほとんどは一ヘクタール未満の山を持っている人たちである。

山は放っておくだけではダメで、いつも手入れをしていないといけない。下草刈り、枝打ちなどの作業を毎年やる必要がある。部落の者で一緒に山に入って共同作業をするのが年中行事だったが、最近、それをやりたがらない人がでてきた。

こんなことをしても、木が金になるのは何十年も先の孫の代である。自分の生きている間に金になる訳じゃなし、馬鹿らしい。

――そういうのである。

農山村の生活は「順おくり」を基本思想とする。つまり、親から子へ、子から孫へと山や畑を受け継いでいくのを前提にしている。

特に山は何十年先、何百年先のことを考えてやらねば消滅する。

「馬鹿らしい」という考え方は、このタテの流れを中断するものだ。この山奥の村にも、時代の波が浸透しつつある。

三日目（田戸—相賀（おうが）35㎞） われら両棲類（りょうせいるい）

瀞の壁にはさまれた水域でジェット船に会いたくないので、始発の船がくる前に出発する。

二人艇にぼくと佐藤夫人と彩ちゃん。一人艇にぼくの妹。佐藤さんは買ったばかりのＦＲＰ製のスラローム艇に乗りこむ。

田戸の出発点のすぐ下のカーブが瀞峡の最深部で二三ｍある。「瀞」というのは「深い淵で静止した水」という意味だ。

瀞峡の中は波こそないが、かなり早い流れがあった。

朝の静寂の中、鏡のような水面の上をゆっくりと三隻は進む。岩の屏風（びょうぶ）が両岸からのしかかり、パドルの音がワーンと反響する。

水面から二〇ｍ程の高さまで、岸壁に草木が生えていないのは、その線まで洪水時の水が洗っているからである。

瀞八丁、つまり約九〇〇ｍを漕（こ）ぐと、瀞峡を抜けた。

ここから川は広くなり、真白い玉石の川原の中を流れる。両側は山また山。

流れが早くなった。

歓声をあげて、早瀬を二つ三つ漕ぎ抜けたところで、早くも一番便のジェット船がやってきた。

大きな警笛を鳴らし、爆音高く、波を蹴（け）たててすれちがう時、ちょっとスピードを落してくれる。

ジェット船の大波がくる前に、波に対してタテにカヌーの向きを変える。

遊覧船の窓にずらりと白い顔が並んでこちらを見ている。無邪気に手を振っている人もいるが、波でカヌーが沈没しないかと期待している顔が半分以上だ。

カヌーが波を軽くやり返すと、「チェッ」と失望した表情になるのが面白い。

それにしても、こんな狭い川で、長さ一九m、幅二・八m、五トンの大船が時速二〇ノット（時速三七㎞）で疾走してくるのとすれ違うのは、手漕ぎの小舟にとっては一大脅威である。場所によっては、水路の幅が五mもないところがある。

カヌーは進退が自由で、どんな微妙な動きもできるからいいが、モーターをつけた川舟など、大変だろうと思われる。

ジェット船も川舟も長い竿（さお）を立てて旗をつけ、遠くからお互いを発見できるようにしている。この川では原則として「下り優先、左側通行」となっているが、時と場所によっては右側を通らざるを得ないこともある。

昨年、川舟とジェット船が衝突して、川舟の方はこっぱみじんになるという事故が起きている（人命には異常なし）。

遊覧船の発着所のある志古（しこ）より上流の熊野川、北山川はジェット船に完全に蹂躙（じゅうりん）されている。土、日、祭日などの日は数分おきに船が上下する。その後に高さ五〇㎝くらいの波が岸を襲い、ザザーッと洗っていく。釣りや漁どころではない。水の良い川だが、釣り師がほとんど見当らないのはそのためであろう。

その日たった一人だけ会った釣り師にきいてみると、この川の魚は船の轟音(ごうおん)には馴れていて、ちっとも驚かんのです、との由。

彩ちゃんが船酔いを訴えた。川の水が澄んでいるので、美しい砂利の水底が後方に疾駆していくのが見え、ついそれに見とれ過ぎたのである。

「なるべく前方を見なさい。下を見ないで」

三隻のフネに追われて、必死に逃げる魚が堪(たま)りかねて水面からとび上った。

川の流れは時速一二〜一三㎞。これは普通の川の洪水時の流速である。ちょっと漕ぐと、軽く二〇㎞は出る。

時折、ジェット船が途絶え、静まりかえる瞬間がある。川の音と山を渡る風の音。涼しい風がわれわれを包み、全員、何となくニコニコする。

カヌーに関して言えば、熊野川は女子供連れで安心して下れる川だ。

これだけ流れの速い川で、ジェット船は別にして、岩や障害物にぶつかるという心配がない。遊覧船が無事に通れるように、常に川を掘り下げて、水路を作っているからである。

ジェット船は客を満載すると吃水(きっすい)が七〇㎝になる。その水深を確保するために、ブルドーザーを載せた作業船が川を上下し、雨などの後、浅くなった水路の砂利をかき上げている。だから、熊野川は日本一安全な川なのである。

この川を数年前に一度、東京のグループ十数人と下ったことがある。

だが、この連中はただひたすら「漕ぐだけ」で、何もせず、さっさと帰ってしまったので川の記憶が全然残っていない。

ぼくが美しい景色や魚の見える淵で、漕ぐ手を休めていると、

「遅れないで」「どんどん漕いで」

とせかすのである。

東京から往復二日かけて、はるばるやってきた川を、二、三時間で漕ぎ終り(田戸―志古間)釣りも泳ぎもせずにさっさと帰ってしまった。あの時は本当に口惜(くや)しい思いをしたものだ。

あれだったら、プールの上をグルグル漕いでも同じじゃないかと思う。

カヌーは漕ぐだけではいかにも楽しみが浅く、少ない。これに釣り、キャンプなどの遊びを結びつけると、面白さが倍加する。

川下りだけの面白さなんて、たかが知れている。

遊覧船上の人たちの顔を見てごらん。つまらなさそうにしているではないか。

この日、熊野川の天気はめまぐるしく変った。

眼を開けていられないような豪雨が降ったかと思うと、一〇分後には青空が見え、陽が照ってきて、行く手の山の上に半円形の虹(にじ)をかけた。

雨で山腹に滝ができ、壮絶なしぶきをあげて落下する水が見える。

濡れるのが少しも苦にならないのが、夏の川下りの良いところだ。泳いだり、潜ったりすればどうせ濡れるのだ。

われわれは両棲類になった。

やがて十津川との合流点。十津川の泥水と合流して、北山川はたちまち白濁する。

十津川は明治二二年にまわりの山が十数ヵ所、川に崩れ落ち、土砂が川を堰き止めいくつも巨大な湖水ができた。明治に入って、それまで「お留山」として伐採を禁止されていた山々を乱伐したためである。この大災害以来、十津川は雨が降るとすぐに濁る川になっている。

ジェット船がずらりと並んだ志古の発着所を通過。

ここから下は熊野川はわれわれだけのものになる。

川は更に流速を増した。

ぼくの前の漕手は時々交替して、一人艇に乗った。二人艇は安定していて、転覆の心配はまずないが、コースの選択や波の判断、方向転換は後部漕者がやる。だから、前に乗ると何も考えないでただ漕ぐだけだ。これがつまらない。

自分の判断と責任で漕ぎ、自分の責任でひっくり返ってみたい、というのだ。

しばらく行くと、川は濁りが減り、流れが荒くなってきた。

一人艇上の女性は顔面蒼白。二人艇の方は重量があるので、横から波が当ってもびくともしないが、一人艇の方はキリキリ舞いをする。

先行して、時々うしろを見ると、二人艇が直線に突っきった荒瀬で、一人艇は船首を左や右に振りまわされ、ぐるりと回転したりしている。

彼女が沈したら、あそこの岩の下で拾いあげて——と計算しつつ漕ぐ。

佐藤さんの乗ったスラローム艇は直進性が皆無なので、彼も苦労していた。ちょっと力を入れて漕ぐと、くるくるとタライのように回転するのだ。まっすぐに進まない。

直径三、四cmの塩ビのパイプを三〇cmの長さに切って、船尾の底にガムテープで張りつけておくと、かなり直進性が増すのだが、その用意を忘れていたのだ。

三級の瀬を二つ程乗り切ると、あとは静かになった。といっても流れは早い。

彩ちゃんが川にとびこんで、カヌーと並んで泳いで下った。

高田川の流れこみに上陸。

佐藤一家はこれまで湖や川のごく短い距離を漕いだことはあったが、ツーリングは初めてである。

今日は三五kmを漕いだので、疲れている筈だが、みんな顔が輝いている。

「御苦労さん。疲れたでしょう」

「全然。まだ興奮がさめないわよ。素晴しい。これまで湖なんかで漕いだ時はまた出発点に戻らなきゃならなかったでしょ。川は行きっぱなし、という点がいいわね」

「そう。旅行になるのが良いな」

「急流に入った時は夢中で何だか判らなかった」

「あれは良くしのいだね。てっきりひっくり返るかと思って、救助の段取りを考えてた」

彩ちゃんは食事を終るや、「ああ面白かった」と叫び、バッタリ倒れて寝てしまった。

焚火を前にして、夜遅くまでカヌー談議が弾む。


四日目（相賀—新宮10㎞）　艇上で紅茶を入れて

朝四時起床。一人でお湯を沸かし、コーヒーを啜（すす）る。

だんだん空が明るくなるにつれて、足もとのネムの木が閉じた葉をゆっくりと開いていく。

彩ちゃんが起きてきたので、オイチョカブをしていると、早くもいまいましい陽が照りつけてきた。足を一本川の中に浸けて、子供からとり上げたマンガを読む。陽が高くなって、更に暑くなったので、もう一本の足も水に浸ける。

八時過ぎ、佐藤夫妻、妹たちが、サウナ風呂のようになったテントの中から汗びっしょりになってとび出してくる。

高田川で魚を追って遊び、午後遅く出発した。今日の行程は一〇㎞なので、のんびり行く。

三隻のフネを接舷（せつげん）させ、お互いのパドルを掴むと「三胴船」になり、フネは安定する。艇の上でガスを点け、紅茶を入れた。男のカップにはゴボリとウイスキーを注ぐ。

「炉端焼き」風にパドルの上に乗せたお菓子やタバコ、酒が船上を行き交う。

フネはゆるゆると流れた。

風が河口のパルプ工場の悪臭を運んでくる。
夕日に照らされた森の中で、ヒグラシがカナカナカナと鳴いた。

江の川

中国山地を横断し島根県を貫流する"用無川"

一匹かかってもそのままじっと待っていると、毛バリに次々と魚がかかる。

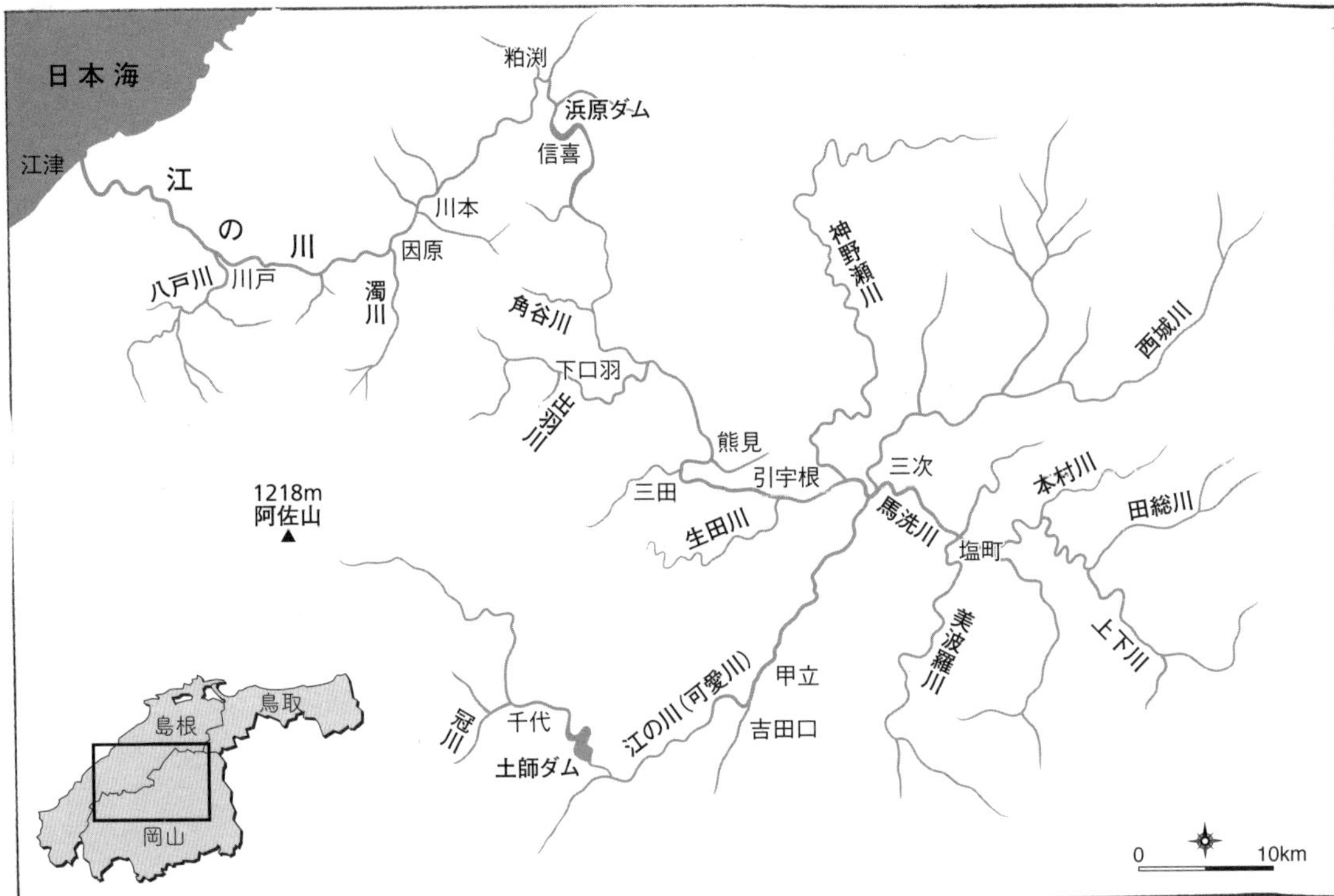
日本海
江津
江の川
粕渕
浜原ダム
信喜
川本
因原
八戸川
川戸
濁川
角谷川
下口羽
出羽川
熊見
引宇根
三田
生田川
神野瀬川
西城川
三次
馬洗川
本村川
田総川
塩町
美波羅川
上下川
1218m
阿佐山
甲立
吉田口
江の川(可愛川)
冠川
千代
土師ダム
島根
鳥取
岡山
0
10km

春の岸辺は花々に彩られ

生暖かい雨が降ったり止んだりした。

佐藤さんの車で川を遡り、出発点を捜す。

四月下旬。川べりの田ではぼつぼつ田植えが始まっていた。山間地帯では秋の冷害を避けるために、平地よりも一ヵ月程田植えの時期が早い。

田を起し、水を入れ、土壌をかき回す。その水が川に入り、江の川は田の泥の匂いがした。日本の最も根源的な、懐しい匂いだ。田の中で働いている男たちの顔も、出稼ぎや兼業の土方をやっている時と違って、落ちついた良い表情をしている。

土手の上を立派な乗用車が走る。中にいるのは野良着姿の中年夫妻で、一人が柄の長いレイキ（田の地ならしをするトンボ）を窓から手を出して握っていた。

低い土手の向うに見える鎮守の森。小さな山の頂にある神社と長い石段。水を張った田で早々と鳴いているカエル、ワラ葺きの家の上にひるがえるコイノボリ――純日本的な田園風景である。


一日目（甲立―引宇根26㎞）カヌーの上から花を摘み、ツクシを採り

芸備線の甲立駅の付近から出発。川はやっとフネを通す程の水深(約三〇㎝)で、注意して最深部を選びながら下った。川幅は六、七m。流れは歩く速さ。

春の小川を行く。

スミレの群落が岸を彩り、フジの花が川の上に垂れている。春先にこのように小さな流れを漕(こ)ぐのはカヌーの楽しみの一つだ。フネの上から手をのばして花を摘み、ツクシを採りつつ下る。

土手の茂みからとび出したヒバリが、そのまま空を駈け昇り、けたたましくさえずった。

川床は小石混りの泥で、川の水は澄んではいないが、人工の汚れはなく、日本の川では上の部に入る水質だ。

出発からずっと車で追っかけてきた佐藤さん「良いなあ。おれも一緒に下りたいなあ」と口惜(くや)しがる。岸で一緒にコーヒーを飲んで別れた。

江の川は広島県の三坂峠に源を発し、中国山地を横断、島根県に入って日本海に注ぐ。

全長一九四㎞。中国地方では最長の川だ。

三時間程で、流域最大の都市三次(みよし)。といっても川からは何も見えないが。

「三次は茗荷(みょうが)の子と同じで、皮(川)ばかり」

といわれる。江の川は三次で三つの川と合流し、西へ流れる。ここで食料その他の買物をするつもりでいたが、ちょうど市街地のあたりは気持ちの良い急流になっていて、ついそれに乗って通り過ぎてしまった。

　更に一時間行くと、流れがゆるやかになり小さなダム湖に入る。ダム越えは明日にして引宇根の川原にテント。

　雨が降り出した。

　旅先の見知らぬ土地で、雨に降られ、テントの中で夜を迎えるのは嫌なものだ。酒を買うのを忘れたので、酔っぱらってごまかす訳にもいかない。ヘッドランプをつけて、横になって本を読んでいると、遠くでお寺の鐘がゴーンと鳴り、ボソボソとテントに当る雨の音をきいているると気が滅入った。猛烈にハラが減って、食い物はなし、こんな時に別れた女のことなど想い出したので、ますます気が滅入った。その上、輾転(てんてん)とし過ぎて、首を寝違え、惨めな一夜を過す。

二日目（引宇根―熊見(くまみ)）春の雨あがりの大気の悩ましさ

　明け方、雨が烈しくなり、雷鳴が轟(とどろ)き、外の闇が閃(ひらめ)いた。落雷が大地を震わせ、その衝撃が地に接して寝ているぼくの体にビリビリと伝わってくる。

　六時、雨止む。

　春の雨あがりの大気の悩ましさ。濡れた土や青草の匂いがテントの中に浸みこんできて、むせかえるようだ。

　ダムサイトの右岸を巻いて、フネと荷を運ぶ。

このダム下から江の川はがらりと様相を変える。これまで泥の多かった川底は大きな石だけの、渓流特有のものになり、数百mおきに二～四級の瀬が現れる。

両側は岩壁で、川から八m程の高さに道路と鉄道が走っている。

快晴。頭上の岩山にはツツジがいくつも根を張っていて、紫色の花をつけていた。土地の人はこれを「川原ツツジ」と呼ぶ。

川っぷちにはほとんど人家がなく、やっと見つけた店は駄菓子屋であった。ベビーラーメンとアラレちゃんガム、パンダ印のパン。ジュースも牛乳もみんなマンガの絵のついたやつばかりだが、これしかないのだから仕方がない。

熊見の川原でキャンプ。

三日目（熊見―下口羽（しもくちば）8㎞）実力派のいる川

少し下った港という部落に上陸。大人用の食料、酒を仕入れる。下流にもう一つ同じ地名があるが、昔、荷舟が往来していた頃の名残りだろうか。

支流の作木（さくぎ）川で遊ぶ。一五cmぐらいの大きなカジカを数匹、手掴（てづか）みする。ゴボゴボと音たてて湧（わ）き出る清水のそばには赤いサワガニがいた。汚染に弱いこの二種類の魚がいるのは、川の水の清冽（せいれつ）さを証明している。

フネを出そうとすると、一隻の川舟が近寄ってきて、この先の瀬について注意を受けた。

江の川で嬉しいのは、川に出ている男たちが「プロ」であることだった。彼等は「アユとり舟」と呼ぶ川舟でいつも急流を上下しているので、実に適切なアドバイスをしてくれるのだ。

「この下の瀬は右から入って左に抜けるとええ」

「〇〇〇瀬の曲り角は振り回されて向う岸にぶつかるけえ、早めにカジを右に切りんさらんと……」

フネはひっくり返るものである。その時は水を出してまた乗りこめばいい。何も大騒ぎすることはないのだ、という認識がここの漁師たちにはある。そこが有難い。「危ない危ない」とべたべたお節介をやくのではなく、つき離して、一人前の男として扱ってくれるのがいい。

どこの川に行ってもイライラさせられるのは「フネが転覆したら大惨事、溺死（できし）を意味する」と考えている人が多いことだ。濡れたら大変、と考えている人が多いことだ。お前さんは張子の虎かね。人間は濡れたら死ぬと思っていやがる。

ぼくの使っているカヌー（正確に言えばカヤック）は「転覆するのを前提にした」フネだ。急流で沈して、岩にぶつかったり、流されたりするのは毎度で当然のことである。それもまた川下りの一部だと思っている。

後日、下流（しも）の羽須美（はすみ）村で、子供の頃「瀬下り」といって激流を泳いで下るのは最高に面白い遊びであった、ときいたが同感である。

郷里の熊本で、ぼくらが毎年楽しみにしていたのは台風のシーズンで、増水して矢のように流れる川にとびこんで遊ぶのはジェットコースターに乗るようで、何よりも面白かった。

日本人が川を危険だと叫び始めたのはいつ頃からだろう。そして、今や人々は川に関して赤子の如く無力で無知になってしまった。

この国ではみんな恐水病にかかっている。

適当な知識さえ持っていれば、川は少しも危なくないのだが。

「ワシは三回ひっくり返った」

江の川の漁師と話をすると、そんな会話が気軽に出てくる。実力派のいる川というのは生き生きしていて、いいものだ。

羽須美村の出羽(いずは)川の流れこみにキャンプ。

四〜六日目（羽須美村に停泊）「村民皆泳」の村

広い江の川の川原に「ルルルル……」というカジカガエルの鳴き声が充満する。

六時起床。空はうす暗く曇っているように見えるが、これは川の上を霧が厚く包んでいるせいで、その背後には青空がある。八時過ぎになると霧が消えて、カッと陽が照りつけるのだ。

フネに乗って出羽川を渡り、羽須美村を歩く。日本全国の市町村の「要覧」を見ると、まず大半が「緑と清流の町」と銘打っている。

ぼくの居る東京の江東区も「緑と水とやすらぎのある町」となっていてびっくりする。そこには「緑」とか「水」とか呼べるものは全然ないのだが。

羽須美村もまた同じ文句をキャッチフレーズにしていたが、ここのは本物であった。

出羽川から引いた水が村の中を流れ、多くの家でその水を庭に導いて養魚池を作り、コイを飼っていた。

道端の溝（みぞ）で洗い物をしている主婦たち。学童が他所者（よそもの）のぼくにも「帰りました」と挨拶をして頭を下げる。

出羽川はゲンジボタルが棲息（せいそく）しているので、それを殺さないように農薬の使用は制限されている。川には太古の自然が濃厚に残されていた。この村に滞在中に一mくらいのオオサンショウウオ（これは誰かが仕掛けたオキバリにかかっていた）や甲羅の直径が三〇cmもあるスッポンを何匹も見かけた。

畑の中に大型のビニールハウスがあって、のぞいてみると、中は五〇mプールだった。

羽須美は「村民皆泳」の村だ。

例えば、中学校の全生徒六〇人中、三〇人が水泳部員。人口三〇〇〇人の村に五〇mプール一つ、二五mプールが二つある。島根の国体の水泳選手は昔からこの村出身と決まっていた。

「ここは以前、タタミの縫い糸にする大麻の生産地でな。麻の木を川に浸（つ）けて皮をむくのが村人の仕事じゃった。その間、子供は目が届くように川に浸けて遊ばせる。それで、ここの子供はハイハイをする頃から泳いだもんだ」

それでもトボケた婆さんがいて、ぼくにきいた。

「あのな。みんな睡眠クラブ、睡眠クラブといいよるが、ありゃ寝て何かするところね？」

スイミングクラブを睡眠クラブと間違えているのである。

一人のおばさんが、両手を頭の上でぐるぐるとぶん回していった。

「この川にゃもーんのっすっごーい瀬があるよっ」

「そのもーんのっすっごーい瀬てのはどこにあるの？」

「あの橋の下からずーっと続いとるがね」

キャンプ地の向いの家で自転車を借りて、下流の瀬の下見に行った。

江の川のハイライト、つまり、川下りとしてスリルがあるのは、下口羽の両国橋から松原駅前までの約一五㎞。三級の瀬が一〇ヵ所、四級の瀬が二ヵ所ある。

自転車がこれほど川の偵察に向いているとは新発見だった。車だと見落すようなところも、これだと丹念に見ていける。通るべきコースを詳細に地図に書きこんだ。

夕方になると、テントの前の家からおばさんが出てきて、大声で叫ぶ。

「にいちゃん、お風呂が沸いたよーっ」

そこでフネに乗って川を渡り、家の下に着ける。丸型ではなく楕円(だえん)型の五右衛門風呂が珍しかった。

魚、文房具、オモチャ、衣類、雑貨、牛の鼻輪(はなぐり)（一九〇円）まで何でも売っているよろず屋で食料を仕入れる。

焚火を起し、肉に塩とコショーを振ってアルミフォイルに包んで火に放りこむ。ジャガイモやナスも同じようにして焼く。女竹を切ってきて、筒の中に日本酒を入れ、火にさしかけてカッポ酒にする。後かたづけの要らない、最も簡単な野外料理だ。

春や秋のキャンプは、日中、陽にあぶられることもなく、虫や蚊もいないので、夏より快適だ。背後の砂利をとったあとの溜(たま)り水で、食用ガエルが「モモモーン」と鳴く。地上は露でしっとりと濡れ、川霧が出て星空を隠した。

一日目は歩いて、二日目は自転車で、三日目は村の青年の車に乗って村を回ったので、前出のよろず屋の親爺が感心していった。

「あんた、毎日出世するねえ」

現在、日本の村を歩くと、農地とおぼしきところにスギやヒノキの若い木が植えられているのが目につく。そこにいた村人が、家を捨てて山を降りる時、自分の田畑に木の苗を植えたのである。田舎の宿命として、若者が出て行き、老人だけが残される。残された者が更に年をとって体が余り動かなくなると、子供を頼ってもっと便利な里に降りていく。山奥の部落では人間の数が減ると、その分だけ野生動物が増え、人間の生活が脅かされる。羽須美村のはずれの部落ではサル、イノシシが多くなって農作物がやられる。

「サルやイノシシが食い残したものでやっと食いつないどる」「農作業から帰ってメシを食おうとしたら、サルに食われてしまっていた」

こんな話がよく出る。イノシシは熟れる寸前の稲穂を好み、刈り入れ前にやってきて、口で穂をしごいて食べる。サルは女、子供が追ったくらいでは逃げず、逆にからかったりする。

村の青年団のアイデアで広島の都市居住者に「トウモロコシの貸し農園」を呼びかけた。昨年のことだ。一坪八〇〇円で畑を貸し、トウモロコシを植えさせて、秋に実がなったら収穫にきて貰う、というもので、多数の応募者があった。秋になって実が熟れたので、そろそろと思っていた矢先に、サルに襲われて全滅した。畑の周囲に電気を通した柵をしていたが、効果はなかった。

この調子だと、山の部落では人間が囲いの中で暮さにゃならんぞ、と冗談をいっていたのが、その通りになってきた。部落の者が櫛の歯をひくように次々に里を降り、残りが四、五軒になると、もうサルの襲撃に耐えられない。役場では一匹につき一万円の賞金を出しているが、村人はサルには手を出さない。

銃を向けると、仔ザルをかばうしぐさや、撃たれて苦しむ様子が人間そっくりなので、誰もサルを撃とうとしないのだ。

毎年、役場の指揮で数十頭を生け捕りにして、全国のモンキーセンターなどに送っている。東京の高尾山にもこの村のサルが送られている。

夕方になると村人が川に出てきて「カガシラ釣り」をした。カガシラとは、関東でいう「毛バリの流し釣り」の西日本での呼称である。この釣りは魚がすぐにハリからはずれるので、魚はゴボウ抜きにして、片手に持ったビクを兼ねたタモ網ですくうようにして受ける。この川ではプラスチックの水桶やバケツでそれをやっていた。高価な道具を振り回している都会の釣りを見た後では、こういった身辺にある生活用品を使ってやる釣りは実に好ましく映る。

七日目（下口羽―信喜26㎞）波立つ難所を行く時の恍惚と不安

まだ暗いうちからヒバリが鳴き始める。二時間かけて、フネの整備と補強。戦いを前に武器の手入れをする兵士の心境だ。今日は一、二度波にふっとばされて沈するだろう、と腹をくくる。昨日の雨で三〇cm程水かさが増したのが有難い。

いつも視界の中に数匹、数十匹のカラスアゲハが舞っている。この蝶の食草であるカラタチやサンショウの木がまわりの山には余程豊富なのであろう。

スプレーカバーを着け、その上をガムテープで何重にも貼りつけ、波にはがされないようにした。出発。地図に書きこんだ急流のルートをよく見て、一つ一つ漕ぎ抜ける。

白く波立つ難所を行く時の恍惚と不安。そして、漕ぎ抜けた後の高揚と虚脱。

川の水が一ヵ所に集まった強い波のところに入ると、船首が下からつき上げられて、天を向き、跳ねとばされる。だから、思いきり体重を前にかけて、波の中に突入する。数秒間水の壁で何も見えない。あらゆる型の急流があった。川下りの教習場のような川だ。

どんなに下見をしても、二、三割の不確定要素は残る。何回か川下りをやると、運命論者になるのはそのためだ。「沈」する時はするさ、仕方がない。

川とのかけ引きを楽しむこと。相手の強いところはかわし、弱点をつくこと。

江の川で悪名高い「ニコセの瀬」を無事に通過。通るコースさえ間違えなければ、非常にスリルのある瀬だ。波高一・五m、滑り落ちた流れがすぐに岩壁につき当るので要注意。

この壁に小さな祠（ほこら）があった。昔、荷舟の船頭がここを通る時に無事を祈ったところである。「ニコセ」は「荷越せ」だ。この難所を荷を積んだまま通過できなかったので、荷を下ろして、一旦、空舟にして通し、瀬の下でまた積みこんだのである。いくつも「棚」を連ねた長い筏（いかだ）は、短く切って瀬を通し、下でまたつないで河口に向った。

浜原ダムの静水（バックウォーター）に入る。信喜でキャンプ。

頭のてっぺんから足のつま先まで充実した一日。

八日目（信喜—因原（いんばら）29㎞）魚はすべておれのものである

ダムの手前で道路にフネと荷物を上げる。

こういう偶然に頼ってはいけないのだが、やって来たトラックをヒッチハイクして下流（しも）の水量のあるところまで運んで貰った。

ダムから下は荒瀬がなくなり、家族連れでのんびりと川下りを楽しめるおとなしい川になる。

山の間を川はおだやかに流れる。うらうらとした陽光を浴びてポチャリポチャリと漕いでいくのは楽しいものだ。

くぐり抜ける橋がどれも美しい。昭和四七年の水害後、新しく架けられたものだ。

土地の人は「四七災」というが、その時の水位は、平水から一二〜一三m上り、流域の町村の家はほとんど屋根上まで冠水した。上流から流れてきた材木が橋脚にひっかかると、次にきた材木は流れに押されてその上に乗る。次々と上に積み重なって、流木のスダレができる。それがダムのように川を堰き止めてしまうから、橋は耐えられず倒れる。その橋の木材が次の橋にひっかかり、同じことをくり返し、こうして橋はみな流された。町全体が水没した川戸では、これに懲りて、土を盛り、嵩上げした上に町を建て直している。

川から見る家に新築のものが多いのはそのせいだ。古いままの家は水に浸って波にゆさぶられたので、家全体がゆがんで、戸の開閉がうまくできないという。

因原の濁川の流れこみに上陸。名前に似ず川の水は美しかった。

日が傾くと、濁川に魚が跳ね始める。偏光グラスをかけると、浅瀬を上下するニゴイやウグイなどがはっきり見えた。三〇〜四〇cmの魚が背ビレを水から出して、ぐいぐいと川を動き回るさまは何度見ても胸がときめく光景だ。

カガシラを振ると、一二〜一三cmのオイカワが入れ食いでかかった。時々、大きなウグイが食いつき、糸をぶっちぎって逃げる。

このくらいの川（川幅六m、最深部で五〇cm）だと、魚はすべてぼくのものである。釣り竿を置いて魚を岸の茂みや石の下に追いこむ。手で押え、一淵の魚をみんな獲ってしまった。ウグイ、オイカワ、ニゴイ、アユ、ナマズなど一〇〇匹以上の獲物だ。今日は魚を食べるつもりはないので、川に逃がしてやった。「手掴み漁」の良い点は、万一、監視員にここは禁漁区で獲ってはいけない、といわれても「魚を獲ってるのではない、魚を拾ってるだけだ」と強弁できることではなかろうか。まだ、一度もその機会はないが。

直後に一人の男がやってきて、ぼくが荒した場所で竿を振るが、少しも釣れず、しきりに頭をひねっている。あのね、ここの魚はさっきぼくが無理やり触ったり、殴ったりしたので、人間不信に陥ってるんです、というのも嫌味であろう。

気の毒なのでなるべく彼の方を見ないようにして、早々にテントに引きあげた。

九日目（因原―江津（ごうつ）33㎞）男は常に身一つで生きるべし

掌の皮が厚くなってきた。物に触れると、感覚が少し鈍くなっている。指の一本一本に血液が充分行き届き、指先の皮がはちきれそうに張っている。野外生活をする男の手である。

都会（まち）にいる時にあった卑小な感覚、感情、思考は、川の流れにこそぎ落され、風化して、今、体の中に残っているのは生きるために最低限必要な、基本的なものだけだ。これはとても快適な状態だ。

「なくて済むもの」がいかに多いことか。

――おれの理想は、持物はすべてバックパックの中に入るだけにして、風のように自由に好きなところに移動して暮すことだ。それに入りきれないものは、このファルトボートのように「折りたたみ式」にして携帯自由であるべきだ。家も机も女も、みんな小さく折りたたんで、邪魔になったら惜しげもなくポイと捨てなければいけない。男は常に身一つで生きるべきである。そうなのである——

いつか友人と飲んでいて、こんな話になった。

彼は良いことをいった。

「財産が多いと男は不自由になる。あんたは荷物が多過ぎる」

もっともなことである。それで、ぼくはさっそく、売れるものは売り払い、捨てるものは捨て、それでも処理不能のガラクタが山のように残った。手伝いにきたその友人はガラクタを見ていたが「これは捨てるのはもったいない」「こいつはまだ使える」と、一つ一つ拾い始め、遂にはそれらを全部自分の家に持って帰った。現在、彼の家に行くと、ぼくのかつての持ち物がそっくりあって、まるで自分の家に帰ったような気になる。

因原を出ると、川は瀬らしい瀬がなくなり、岸の向うに桑畑が続く。重なり合った山の奥から、いくつもの支流が入りこむが、川幅は広がらず、深くなるだけだ。

「猿猴淵(えんこうぶち)」と呼ばれるところがある。土地の漁師の話では、錨(いかり)をつけてロープをのばしたら四〇ヒロ(七三m)あったという。話半分としても、川の深さとしては大変なものだ。

猿猴とはカッパのことで、彼等の話しっぷりでは実在する。

崖下(がけした)の長い淵を日暮れ時に一人でフネで行く時は気味が悪い。エンコウが下から手をのばしてきそうな気がしてな。そんな話を何十年も川漁をやっている男が口にするのがおかしかった。

昭和一〇年頃の夏、一匹のアザラシが海から江の川に迷いこんだことがある。いまでこそアザラシを知らぬ者はいないが、当時は誰もこの動物を見た者がなく、大騒ぎになった。噂にきいた「猿猴」そっくりで、その夏、川に出て漁をする者は一人も居なかったそうだ。

岸辺の家の屋根瓦が赤く光っている。流域特産の「石見瓦」だ。江の川は洪水ばかりで人の役に立たん、というので「用無川」と悪口をいう人もいる。しかし、この川が氾濫することで、下流域に上質の粘土が堆積する。

各地の川が治水工事のために次第に氾濫しなくなるにつれ、その地方の陶器用の土が不足している。江の川の生み出す「陶土」は、西日本一帯の窯元から引っぱりだこだ。河口の江津市は「土を売って食っている」といわれる。

石見瓦はこの地方特有の「木待土」を釉薬として使う。すると表面がガラス化し、耐寒、耐酸、耐震性にすぐれた、数百年も保つ瓦ができる。

思いがけず一隻のカヌーと出会った。ＦＲＰのスラローム艇で、松江のクラブの人であった。カヌー競技が今度、国体種目になり、来年の島根国体のカヌーは、江の川が会場になる。ＦＲＰ艇の漕手はファルトボートは初めてだといい、荷物を満載したぼくのフネをいつまでも驚いて見ている。

スマートな彼のフネが「スポーツ用具」であるのに対し、ぼくのは旅行用具を兼ねた生活用具だからね。カンロクが違うよ貫禄が。

江の川や県内の他の川、日本海の情報を交換して別れた。

いつか、波の静かな夏に、海岸沿いに日本海をずっと航海してみよう。

カーブを曲ると海が見えた。河口の江津だ。

高い煙突や橋の上を行き交う人々が賑(にぎ)やかに、懐しいものに感じられる。

カモメが水中の獲物をねらって騒いでいる。

海から川に入った稚アユをねらっているのだ。

江の川の漁師たちは、河口に集まるカモメの数を見て、アユの遡上(そじょう)状況を推測し、その年のアユの解禁日を決める。今年はカモメの出現が遅く、解禁日が一週間延期された。

白い砂の防波堤の内側にフネを着け、日本海の黒々としたうねりを見る。

透明の裸電球をずらりとぶら下げたイカ釣り船がゆっくりと河口の船溜りに帰ってきた。

吉井川（よしいがわ）

岡山県を貫流し瀬戸内海に注ぐ“飼い馴らされた”川

刺し網でアユを獲る川漁師。

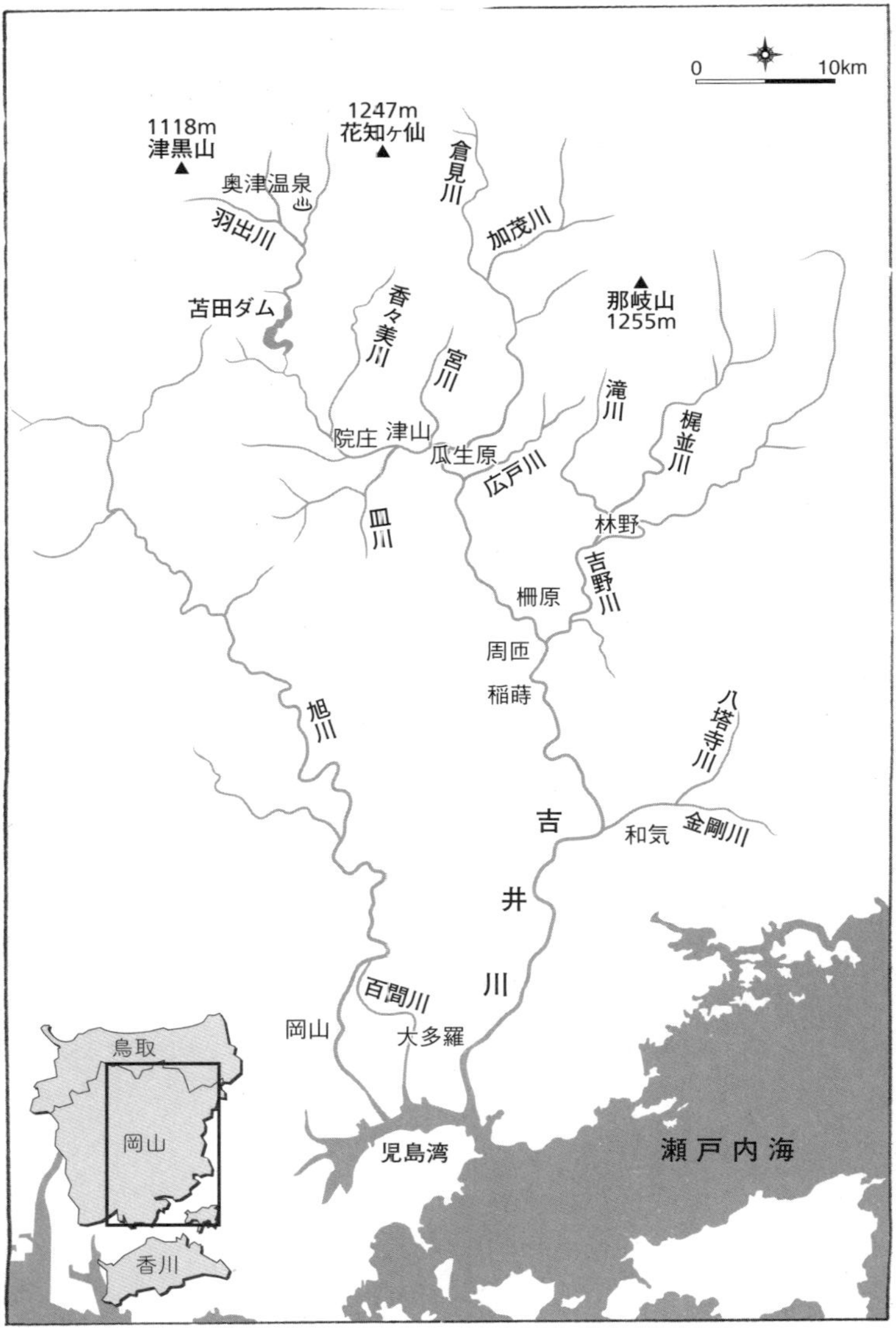
0
10km
1118m
津黒山
1247m
花知ヶ仙
奥津温泉
倉見川
加茂川
羽出川
苫田ダム
香々美川
宮川
那岐山
1255m
滝川
梶並川
院庄
津山
瓜生原
広戸川
皿川
林野
吉野川
柵原
周匝
稲蒔
旭川
八塔寺川
吉井川
和気
金剛川
百間川
岡山
大多羅
児島湾
瀬戸内海
鳥取
岡山
香川

水の上で水に渇く

津山市内を流れる吉井川の川原に車を乗り入れる。川をのぞきこんだ佐藤さんとぼくはチキショーと叫んだ。

細々と流れる川の表面には川底から浮き上った褐色の苔が漂い、汚水菌でヌルヌルした川床の石、その横から真黒い下水の小川が流れこんでいる。

東京を発つ前、津山に行ったことのある人物に吉井川のことを尋ねてみたのだ。

「すごくきれいな川だった」という返事で、われわれはそのつもりで来たのだった。

考えてみれば、そいつは東京育ちの人間だ。東京者はいつも多摩川や隅田川を見て生活しているから、こと川に関しては白痴的な判断力しか持てず、どんなひどい川を見ても馬鹿の一つ覚えで「スッゴクきれい」としかいえないのである。

「こんな川ダメだな」

「ひどいね。駅の前の看板には〈人情と清流の町、津山〉と書いてあったぞ。おれは帰りたくなった」

津山は古い城下町で、昔は山陰と山陽を結ぶ交通の要衝として栄えた岡山の内陸部では最大の町だ。武家屋敷などが残っていて、陸の上は結構なのだが、川をこう無神経に汚しているのは情ない。川あっての津山ではないか。吉井川があるから津山は立派に見えるのである。

一年で最も川の水の少ない時なので、人口八万の都市の生下水がそっくり入ると、川は多摩川の如く救いがなくなる。上流の都市は下流に責任があるのではなかろうか。

一日目（柵原（やなはら）―稲蒔（いなまき）10㎞）「イイ川」「ワルイ川」の単純な判定法

津山ではフネを漕（こ）ぐだけの深さがないので川に沿って佐藤さんの車で下った。

吉井川は西日本では琵琶湖に次いで魚の種類の多いところだときいていたので、毎晩川原で酒池肉林（肉は魚肉）の宴を開こうと、刺し網や素潜り用具一式、調味料などを用意してきたのだが、あの下水を見たあとでは川に潜ったり、魚を獲（と）ったりする気はなくなった。

佐藤さんにもぼくにも、川は眺めるものではなくて、とびこむもの、泳ぐもの、潜って魚をふん掴（づか）まえるものである、という確固たる思想がある。そういう気持ちが起らない川は「ダメな川」「汚ない川」、その気になる川は「イイ川」「きれいな川」という単純な判定法を持っている。

吉井川は津山を出ると低い山の間をぬって流れる。人家がほとんどないまわりの山や川の土手は美しかった。

「津山の下水さえちゃんと処理すればまあ良い川だよな」

「惜しいね。環境はこんなに良いのにね」

吉井川は中国山地の恩原（おんばら）高原に源を発し、全長一三三㎞、岡山市の東部で瀬戸内海に出る。水量が余りなく、フネが漕行できるのは河口から四五km上った柵原あたりからである。柵原は硫化鉄の鉱石を産出する鉱山の町だ。この先の河原屋の堰下でフネの組み立て。

今回乗るのはフジタカヌーの二人艇だ。

「最近、二人艇を使うことが多いね」

「これだと女の子を乗せられるだろ」

「クレイジー・ジョーの真似もできるしね」

「あれを是非やりたい」

数年前、ある雑誌の取材で彼とタヒチに行ったことがある。タヒチから飛行機で一時間行った距離にあるボラボラ島という現代の天国のようなところで、ぼくたちはクレイジー・ジョーと呼ばれている男と知り合ったのだ。

年齢は五〇歳前後。カリフォルニアの大金持の息子で、豪華なヨットでやって来て、島に住みつき、島の女の子を片っぱしからヨットにさらっていた。

ジョーがアメリカの両親に仕送りの金の増額を要求して拒否された時、彼は島で一番醜悪な老女を連れてアメリカに行き、もしおれのいうことをきかなければこの女と結婚する、と脅迫した。仰天した両親は泣く泣くジョーの要求を飲んだ。その話は島民で知らない者はない程で、彼は生きながら半分伝説的な男になっていた。ジョーは何日か女とヨットで過し、飽きるとフネの上からポイと女を海に放りこんで棄てるので有名であった。

ヨットは無理だから、せめてカヌーの上からそいつをやってみたいものである。

ここで一旦、佐藤さんと別れる。彼はあと二日間この流域を車で往き来する。フネの撮影はぼくを見つけた時に適時、ということにした。

川原の石は鉱山から流れ出るもので赤く染まっていた。上流の津山の汚れは、ここまで流れてくる途中でかなり浄化されている。

九月初旬の山陽はまだ夏であった。

照りつける陽の下で川は煮えたぎり、岸の草は灼(や)けていた。風もなく、ムッとした熱気の中を漕ぐ。これがきれいな川であれば、わざとフネをくるりと転覆させ、しばらく体を水中に浸(つ)けて息が続かなくなったらエスキモーロールで起き上る、といった涼み方があるのだが、この川ではダメだ。

一時間漕いで、この川最大の支流、吉野川の合流点、周匝(すさい)で上陸。火の見やぐらがあり、道の真中で犬が舌を出して寝ていた。

ふた抱えもある大きなクスの木が数本天をおおい、冷えびえとした木蔭を作っているお宮の境内に入って昼寝をする。

吉井川の舟運が盛んだった頃、周匝は川港として栄えた。支流の吉野川にも上流の林野まで舟が上っていたので、この町は大いに賑(にぎ)わった。

大きな川の舟運では上流と下流では舟の大きさが違う。周匝は吉井川の舟替え地点で、ここで荷を積み替えた。ここから上流を航行する高瀬舟は長さ一一m、幅六五cm。ここより下流を往来する舟は長さは一三mと余り変りはないが、舟幅は三倍の一八〇cmのものであった。

吉井川の舟運は古く、中世に遡る。一七世紀初め、角倉了以がこの川を上下する高瀬舟を見て、

「このように川を掘り、このように舟を操れば、どんな川にも舟が通せる」

と大いに感ずるところがあって、さっそく吉井川の船大工や船頭を連れて京都に帰った。彼は大堰川(保津川)の掘削をして、丹波—京都間の舟運を興し、その後次々と富士川や天竜川を掘って「舟道」を作り、河川交通を盛んにした。吉井川は近世の川運の先駆者的な存在だったのである。

当時の川舟は原始的な帆をつけていた。川を下る時は流れにまかせ、上る時に使った。

川沿いの村々では舟を曳く川人足が待機していて、上り舟が来ると一隻に三人がついた。

急流にさしかかると、船首にあけた「瀬持ち穴」に丸太を突っこみ、それに肩を当てて押すのである。

四つ這いになるくらい前傾して、肩のロープを曳く川人足たちに長生きするものはいなかったといわれる。苛酷な重労働が寿命を縮めたのであろう。

昭和の初め、鉄道が川沿いにできて、吉井川の舟運は消滅した。


夕方、涼しくなってフネを出す。三km漕ぎ、稲蒔の広い川原に上陸してテントを張った。

稲蒔は筆軸で知られたところだ。日本の筆軸の八割以上がここで生産される。農閑期になると短く切った篠竹が川原いっぱいに乾燥のため拡げられる。

部落を歩いた。「ヒラメあります」という看板。海魚のヒラメではなく、山陰の方言でヤマメのことだ。

道の向うからハモニカを吹きながらやって来た少年が、帽子をとってぼくに「帰りました」と大声でいった。この挨拶の文句も山陰のものだ。

津山では山陰の倉吉市のナンバーをつけた車が多かったが、吉井川は中流までは山陽と山陰が競合しているのであろう。

日が落ちると、テントは嵐のような虫の音に包まれる。

川向うの山すそを片上鉄道の小さな電車が走る。車窓の明りが川面に映り、それがゆるゆると動いた。

二日目（稲蒔—和気16㎞）コウモリ傘を広げて帆走

岡山県人は「三大河川」という言葉をよく口にする。県内を流れる旭川、高梁川、吉井川のことで、三つの川はだいたい同じ大きさ、長さを持つ。

吉井川は三つの川の中では最も勾配がゆるやかで、川の難易度でいえば一級だ。その吉井川が一ヵ所だけ荒れる場所がある。

「苦木の瀬」と呼ばれるところで、急傾斜した流れがクランク状に曲ったカーブだ。増水期には三級になる瀬で、カーブした流れがすぐに岩壁に正面からぶつかっている。カヌーにとっては何でもない瀬だが、荷を満載した大型の高瀬舟は難儀したらしい。曲りきれずに岩壁に衝突して積み荷を失くすことが多かったので、その横の岸を掘って「船通し」を作ってある。石積みの舟道は少し石がくずれかけているが、今でも立派に通用する。そこを通り抜けた。

ここから先は流れにまかせて漕がず、川上から風が吹くとコウモリ傘を広げて帆走した。

小さな傘だが、時速六kmぐらいのスピードが出る。


吉井川は大昔から人間によって完全に飼い馴らされた、自然度の少ない川だ。

男の冒険心やロマンチシズムを満足させる痛烈なものがない。心を湧(わ)きたたせるものが何もない。長良(ながら)川や四万十(しまんと)川上流のように転覆して岩に頭をぶっつけたり、記憶喪失になったりする心配はないかわりに、安全を一〇〇パーセント約束された川旅の退屈さを我慢しなければならない。

吉井川は源流部に小さな八つの発電所があり、川は何度もダムで堰(せ)き止められダム下はしばらく水無川となる。発電機のタービンを回した川の水は再び一、二kmおきに作られた堰で田に水をとられ、中流以後は四つの大堰で水を抜かれ、散々人間に酷使され、くたびれ切って海に出る。

やがて堰堤。土地の人は「田原の井堰(いぜき)」と呼ぶ。この川で現在、唯一つ残った旧式の石積みのものだ。現在、すぐ下に鉄扉を使った新しい堰を建設中なので、これも近いうちに消える運命にある。

田原の井堰は約三〇〇年前に三〇年の歳月をかけて作られたものだ。

流れの水圧に耐えるように大石を八〇mの幅に敷きつめ、五五〇mの長さで川を斜めに堰き止めている。これに使用された石は約六万二〇〇〇個。石は畳一畳の大きさである。左岸の端に舟を通すために堰を切って舟道があるが、水位が低くて通れない。

フネを降りて、堰の真中を強行突破する。三〇〇年の歳月を経て、さすがに石組みもゆるみ、洪水時に流された石もあり、ところどころにぽっかりと穴があいていた。石の隙き間の中で胸まで水に浸ったり、つるつる滑る石の上で尻もちをついたりしながら、フネを曳いたり、押したりする。なだらかなスロープになった八〇m幅の石堰を越すのに一時間かかった。

再びフネを流れに乗せる。

吉井川を行く時、川の上に居ながらいつも「水」への渇きがあった。清冽な、冷たい水に対する渇きだ。砂漠の真中にいるのと変りはない。

支流があると流れこみにいそいそと漕ぎ寄った。しかし、どの支流も期待を裏切って、生暖かく、或いは熱湯の如くなり、汚れていた。

空き罐（かん）やプラスチックのゴミ。家庭排水のすえた臭い。そして洗剤の白い白い泡（あわ）。

五万分の一の地図を見ると「なるほど」と納得がいく。小さな支流の源流、山の頂上まで人家が点々と連なっているのである。

「山陽は山のてっぺんまで人が住んどる」と山陰の人はびっくりしていう。寒さの厳しい山陰と違って、暖かい山陽はどんなところにも人が住めるのだ。

この流域には「駆け落ち者（もん）は津山に行け」という言葉がある。気候温暖で、ものなりの良い吉井川流域は大昔から暮しやすかったのであろう。古代の遺跡の多いことでもそのことが想像できる。内陸部では一番大きな町の津山は隠れやすく、暮しやすいので、故郷に居られなくなった人たちの絶好の逃避先だったに違いない。

和気で上陸。金剛（こんごう）川の流れこみは町の下水の悪臭が強いので、対岸に移る。

川っぷちの食堂に入った。アユの煮つけでビールを飲んでいると隣のテーブルで、

「さっき、カヌーでスイスイ川を下って行きよったが、カッコええのう」

と話している。

それはおれです。へえ、あんただったんかな。というやりとりがあって、まあまあとビールを注ぎ合う。

暗くなって川に戻ると、テントの前でバシャバシャと水を叩く音がしていた。「火振（ひぶ）り漁」である。長さ四〇m、高さ一m余りの刺し網を川に斜めに張り、カーバイドを入れたガス燈を振り、棒で水面を叩いてアユを網に追いこんでいる。場所を変えて、二、三度やったが、かかるのはナマズとニゴイだけで、アユは一匹もなし。

「変だのう。去年はここで三〇〇匹獲ったんじゃが」

びしょ濡れの男たちが頭をひねっている。折角、町内野球の練習をサボッて来たのになといい、(昨今の田舎では夜間照明つきのグランドをたいていの町村が持っている）彼等はぼくに飲みにイコ、イコと誘った。

川原に駐（と）めたトラックにエンジンをかけ、「乗られい！」という。

トラックが止ったのはさっき出て来たばかりのメシ屋で、三〇分前にサヨナラといった男たちが呆れている。この時間、この近くで飲めるのはこの店だけなのである。

さすがに恥かしいので、ぼくは「ドーモ、ドーモ」といいつつ、まわりの連中のコップにビールを注いでばかりいた。

三日目（和気に停泊）投網打ちの老人の家へもらい風呂に

快晴。バッタがキチキチと音をたてて飛び交い、川風が気持ち良い。

日曜日なので、早朝から釣り師が多い。

今年の吉井川のアユは不漁だ。漁協の発表によれば、ここ数年では最大量のアユを放流した（二トン）そうだが、釣り師のビクはどれも淋しい。アユの姿を全然見かけないんだという。

ある人は今年の春先の寒波のせいだ、といった。別の人は今年は雨が少なかったので川の水が太陽で熱くなり過ぎて、アユは水の冷たい深みに入ってしまったのだ、といった。

放流量に関係なく、アユというのは一年おきに豊漁と不漁をくり返すものである、と主張する人もいた。県内の旭川や高梁川も今年は不漁だそうだ。

ぼくがテントを張った場所はこのあたりでは唯一の釣り場の前だった。広い川原の中を早瀬がSの字に流れている。アユを釣るなら上下数㎞の川原の中でここしかない。川への出入り口にテントがあるので、釣り師はみなぼくの前を挨拶して通った。それでぼくは検査役のようになり、どれどれと一人一人のビクをのぞいたが、ほとんどボウズだ。たまに一匹。この日最も多い人で三匹だった。

　吉井川のアユ釣りは友釣りはなく、コロガシだけだ。ここでは「ドボンコ」と呼ぶ。

　アユ釣りには「竿先八間の仁義」といった不文律があって、先に川に入っている釣り師の竿先から八間（約一四m）以内に入ってはいけないことになっている。もっとも、これは長い郡上竿を振り回す長良川上流の場合で、川によってこの数字は違う。

　人間の多い関東の川ではどうしても釣り師の間隔が狭くなり、ひどいところでは二、三mの間隔で立ち並び、ケンカばかりしている。いつか会った多摩川の釣り師は交通費、オトリのアユ代、入漁料が〇〇円かかったから、元をとるまで帰らない、とアユの原価計算をして、血相を変えて釣っていたが、その点、吉井川はのんびりしていた。

　東京の川なら三〇人は入るだろうと思われる瀬に、五人が充分に場所をとって竿を振り、あとで来た人はうしろの土手に車をとめて見ている。一人が釣りをやめて上ると、次の人がそのあとに行儀よく入る。

「もういいかーい？」

　という古典的な遊びの声がきこえるのは、順番を待つ人が子供と川原の草むらで隠れん坊をしているのだ。

　これまで、ぼくは良い川を見過ぎたのかも知れない。今回の川旅はコーフンすることが皆無で、釣りも、潜りも、泳ぎも全くやる気がしない。だから、実に退屈である。持って来た本もみんな読んでしまった。佐藤さんの置いていったオセロゲームを一人でやるが、これもいつもおれが勝つのでつまらない。

バッタの足やコオロギの羽根をちぎったりしていると、うしろの土手で野焼きを始めた。半分枯れた草がカンカン照りの下で勢いよく燃え上る。「台湾で　山火事のある　暑さかな」という句を想い出しつつ逃げる。

丸めたウレタンマットを夜鷹風(よたか)に小脇に抱え、日陰を求めてうろうろ。

橋の下で寝ていると、一人の釣り師が、

「今年は獲れん。あかん。おえんのう」

とぼやきながらやって来た。

この人はきのうの夕方と真夜中、そして今朝早く、と川に来ていて、顔馴染だ。「釣れないと判ってるが矢張り川に来てしまう人」で、来る度に、アユを入れるクーラーの中に持って来る罐ビールが多くなっている。

彼はビールをとり出してぼくにすすめ、この二、三年実験中のアユ釣りの「秘法」を教えてくれた。

精液で腹の大きくなったオンタ(オス)のアユを川に何匹か埋める。その匂いで下りアユのメスがたくさん集まってくる。それをひっかける。埋めたアユの効果は二週間ぐらい続くそうだ。

昨年、この川原でラジコンの飛行機を飛ばしていた大学生が川に落ちて死んだ。

「しかし、ここは落ちて死ぬような川じゃないでしょう。急流や渦がある訳じゃないし、犬かきでも対岸に渡れる」

「いや、それが心臓麻痺（まひ）じゃ。ショック死でな」

プールでしか泳いだことのない人間が増えるにつれて、川にはまって、溺（おぼ）れるのではなく、恐怖、驚愕（きょうがく）の余りショック死する人が増えているようだ。


夕方、投網を打ちに来た老人がいた。手なれた網さばきと腰つきで流れの中に何度も打ちこむ。が、ニゴイだけでアユは入らない。

「オヤジさん、ぼくにちょっと打たせて下さい」

「こりゃ大きい網じゃ。難しいよ」

広げると一〇畳大の網である。アユ用に沈みを速くするためにおもりを追加してあり、一〇kgぐらいの重量がある。左右均等に分けた網を四〇cm程離した両手に持ち、左脇の下から(右利きの場合)後方に振り上げた網が反動で返ってくるのをそのまま前方に投げるのが普通の打ち方だ。

「肥後流の打ち方を見せて上げます」

肥後流とは、郷里の熊本でやっている打ち方で、さばいた網を握った両の拳（こぶし）を胸の前で合せ、体を一回転して投げる。網は遠心力で丸く広がって、飛んでいく。とても見栄えのする、カッコいい投げ方なのである。

網がうまく開くと、爺さんはパチパチと手を叩いた。次に、普通の打ち方でカヌーの上から投げて見せる。

「徒歩打ち三年、舟打ち五年」といわれ、舟から打つのは少し難しい。安定の悪いカヌーの上から、座ったままの姿勢で打つのはもっと難しいが、ぼくは天才なのだ。

流れのない深いところで二、三回打つと、アユが一〇匹程入ってきた。

「矢っ張り、いることはいるんじゃな」

爺さんはホクホクしている。どれも二五cm前後のサンマのように幅の広いアユで、二二〇~二五〇gはある。ちなみに都会の料理屋でわれわれが口にするアユは八〇g前後の養殖ものである。

「家(うち)に来られい」

と爺さんは高らかにいった。

顔も体もずっと洗ってないので、ぼくの体は異臭がする。

「風呂に入れてくれますか?」

「よしよし」


四日目(和気―西大寺(さいだいじ)20㎞)秋の気配はまず水の上に来る

夜半から風が出た。頭上の梢(こずえ)が心細い唸(うな)り声をあげ、川原の砂利がとび、テントがたわんだ。そして、一夜明けると吉井川は秋になっていた。

秋はまず水の上に来る。

陽光や空に浮ぶ雲や川をとりまく山の緑にきのうまであった夏の激しいものが影をひそめ、どことなく柔らかくなっている。潜れば川の底にも秋の気配があるに違いない。

出発。今日も漕がず、傘を出して帆走。のろのろと下る。どうも今回は流れに棹さすこともせず、流されっぱなしだ。この頃のおれの生活によく似ている。反省しよう。

左岸の山陽線を長い長い貨物列車が行く。「すずめおどし」の爆音が両岸の山ひだや谷間にゴーッとこだまして消えた。

空にいわし雲が浮んでいる。

吉井川流域の地図を見ると、田に水を引くための溜池が何百とある。もともと、岡山は雨の少ないところなのだ。水の退いた吉井川を高下駄で対岸に渡った、という話をよくきく。

岡山にモモやブドウ等の果樹が多いのは、それらの果樹が乾いた土地に適しているからだ。「竜」(龍)の字のついた山が多い。ちょっと見ただけで「竜王山」という名の山が六つある。竜は雲を呼び雨を降らす、というのでこの名をつけたものだろう。「雨乞山」「雨降山」という山もある。

水の少ない吉井川から少しでも多くの水をとるために、大堰では舟通しの水路まで丸太とムシロで堰き止めていた。水路は日に一回だけあけて舟を通した。堰から用水に引いた水を水田に公平に分けるために、専門の係を何人か置いていたが、それでも水争いは絶えなかったらしい。かつて農民が血眼になって我田引水を争った用水の水は、現在、ビール会社に売られている。田が少なくなったので、水が余るのだ。備前長船（おさふね）の刀剣で知られた長船の堰を越える。

「ポチャン」と音がして、目の前の浅瀬にゴルフボールが落ちてきた。見ると川べりにゴルフ場がある。男がクラブを手にして岸に現れた。

「あのね、悪いけどそのボール拾ってくれない？」

ぼくは日本人のゴルフに関しては偏見を持っており、嫌いなので、拾ってやらないのだ。知らん振りをして無視、無視。

日本の川を行くのは哀（かな）しい。それは失われたものへの挽歌（ばんか）をきく旅だ。どこの川に行っても「昔はこんなものじゃなかった。もっと美しかった」という嘆きの声を耳にする。

どこかに一つくらい「昔よりきれいになった」という川はないものか。

過疎地域を流れる川を下る時、ひそかに期待していくが、それでも昔の方が良かった、と地元の人はいう。清流で知られた長良川も、高知の四万十川も例外ではなかった。

人は減ったが、川に出す汚水の量が昔より増えたのである。塩ビの排水パイプやU字溝（こう）の普及で、遙（はる）か離れた山上の家の汚水もそっくり川まで運ばれる。ついこの間まで、日本の田舎ではどこの家にも裏に汚水溜めが掘ってあり、そこで土にしみこませた。いっぱいに溢（あふ）れた汚水は汲（く）みとって畑にまいた。合成洗剤を使う前だったから、それは良い肥料になった。

今ではすべての汚物、汚水は川に流れこむ。

そして、その川は海に流れこむ。
水量、水質、流れ、川からの眺め、その他を考慮に入れてAからEまでの五段階で評価すると、吉井川はCクラスだ。C以下の川は下を向いて漕ぐと憂鬱になるので、なるべく空を見ていく。上を向いて漕ごう。
可愛こちゃんでもいないかと陸を見回すが、目に入るのはお年寄りと子供だけである。
〽寝ろてばよウ
乳母車に子供を乗せて川岸を歩きながら、婆さんが歌っていた。
〽寝ないのかよウ
　寝ろてば　寝ないのか
　このガキめ、
　ネンネンヨウ　ネンネンヨウ
川の中の小さな島で一人の釣り師が上機嫌で近寄り、ビクを見せた。やっとアユが姿を見せたという。今年一番の釣果だそうで、二〇cm以上のアユが三〇匹程入っていた。
九月の最初の北風が川の上を吹くと、吉井川のアユは産卵のために川を下り始める。

四万十川（しまんとがわ）

四国の僻地を流れる日本随一の美しい川

この近くに酒屋はありませんか？（撮影：佐藤秀明）

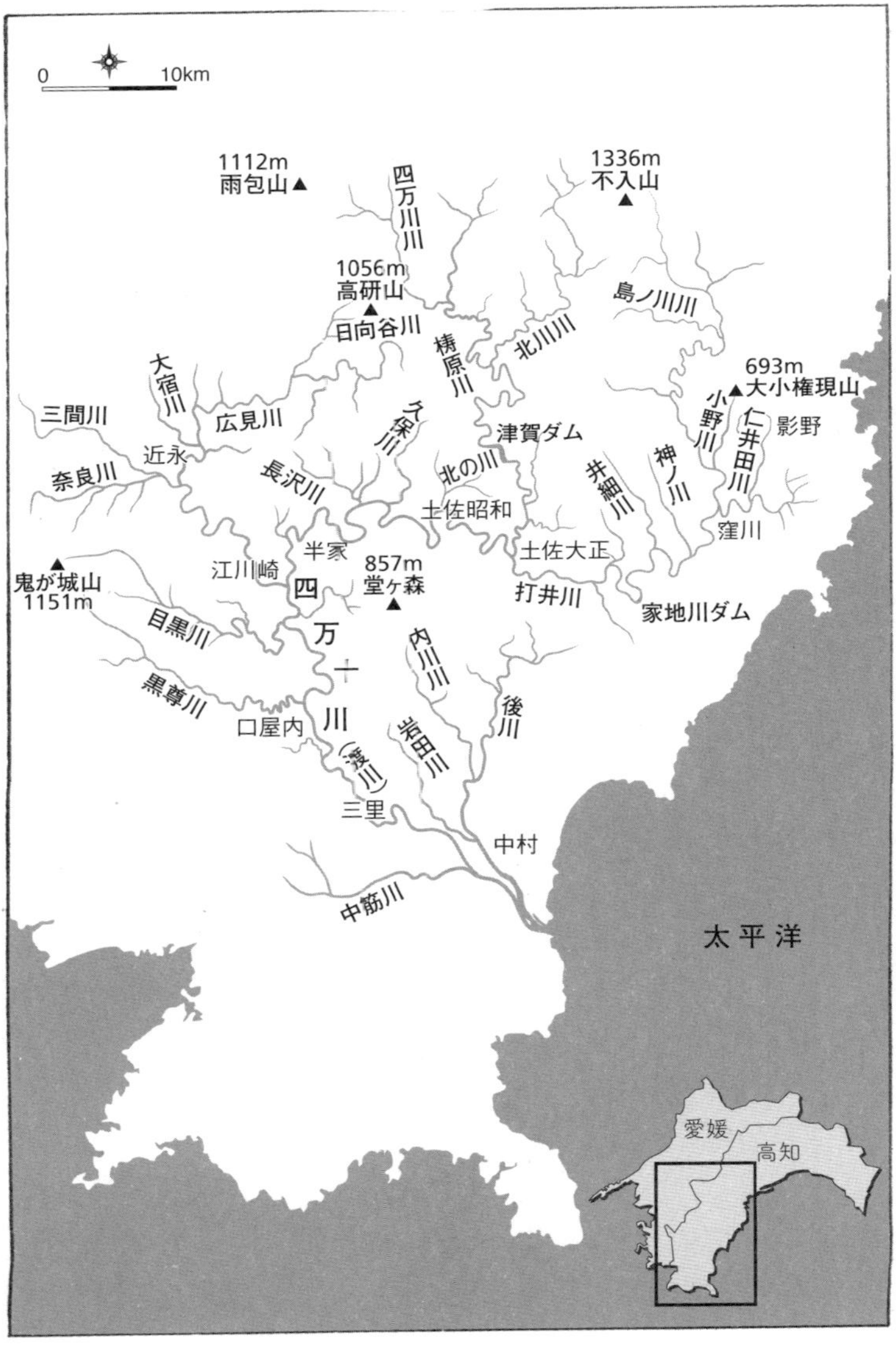
0
10km
1112m
雨包山
四万川川
1336m
不入山
1056m
高研山
日向谷川
島ノ川川
梼原川
北川川
693m
大小権現山
大宿川
小野川
仁井田川
影野
三間川
広見川
久保川
津賀ダム
近永
神ノ川
奈良川
長沢川
北の川
井細川
土佐昭和
窪川
半家
土佐大正
江川崎
857m
堂ヶ森
鬼が城山
1151m
四
打井川
家地川ダム
目黒川
万
内川川
十
黒尊川
後川
川
口屋内
岩田川
(渡川)
三里
中村
中筋川
太平洋
愛媛
高知

桃源境に若者は住めない

いつでも出発できるのだが、何となくぐずぐずと時間を過す。もう一つ、気が乗らないのだ。

高知県、土讃本線、窪川(くぼかわ)駅下の川原。

ガスに点火して、この日五杯目のコーヒーを入れた。

一一月初旬。四万十川(しまんと)は一年で最も静かな時期である。五月から始まったアユ漁は、一〇月半ばから一ヵ月間、禁漁になる。暖かい四国では落ちアユの時期が遅い。他の川では九月の落ちアユ漁の解禁日が、四万十川では一一月半ばである。

流域の漁師たちはその間、網を繕い、竿(さお)を磨いて満を持す。

土手の上を白装束に金剛杖(づえ)をついた旅人が行く。近くの霊場に参るお遍路さんだ。視線が会ったので、声を掛けた。

「おばさん、うまいお茶がはいってますよ」

岩に敷いたウレタンマットの上に座って貰い、お湯を入れたカップに煎茶(せんちゃ)のパックを放りこんだ。

お遍路さんは九州の佐賀の人で六〇歳。カップを両手で包むようにして持ち、正座して上品にお茶を啜(すす)った。子供がやっと片づいたので、念願の四国の札所巡りに来た。バス・ツアーで回るのもあるが、なるべく歩いて回りたいので一人である。若い頃は女子競輪の選手だったので足腰には自信がある――

そんな話をする。

婆さんが合掌して去ったので、いよいよ出発することにした。この川の上流は激流が続くので、スプレーカバーを着装し、強い波にはぎとられないように、その上からガムテープで補強した。

四万十川は全長一九六㎞。高知県を流れ、土佐湾に注ぐ。

一日目(窪川―大正31㎞)日本一の清流

岸を蹴(け)ってフネに乗りこむと、川はすぐに急流になった。窪川に来る時、川沿いに走る汽車の窓上から、見える範囲の流れは下見をしてルートを地図に書きこんでいた。しかし、実際にその中に身を置くと、流れは思ったより強く、激しかった。

川の両岸は一〇～二〇mの岩壁で、川床も岩盤。あちこちに鋭くとがった岩が、水面から突き出している。一m程の厚さで霧が川面をすっぽりとおおい、その中から不意に岩や荒瀬が目の前に現れた。川の水はA級の上。流域に工場、大きな町がないので実に美しい水だ。「日本最後の清流」といわれるのもうなずける。

波に叩かれ、半日漕(こ)いで、二〇㎞地点の家地(いえじ)川ダム。落差約七m、幅二〇mの小さなものだ。フネを岸に上げ、担いでダム下へ。

この下から「轟崎（とどろきざき）」「轟の上」「轟」といった地名が続く。名前から想像できるように上級者向きの難易度の高い瀬が連続する。

川は白く泡立ち（あわだ）、奔走し始めた。

波が頭上からドッと落ちてくると、二、三秒何も見えなくなる。

三〜五級の瀬である。

大岩にぶつかった流れが大きく割れて左右に分れていた。そこを通る時、強い横波を二つ続けてくらって転覆。

カヌーが沈すると、裏返しになったフネに少し斜めに人間がぶら下がる形になる。

エスキモーロールで起き上ろうとしたら、水中の岩に頭をぶっつけて目から星がとび散った。諦め（あきら）て艇から体を抜き、下の淀み（よど）までフネに掴（つか）まって流される。

淀みでフネからこぼれ落ちた水筒（水に浮くように半分空にしておく）など二、三の物を拾い集めて、岸に着ける。

フネの水を出していると、釣り竿を手にして爺さんがやって来た。

「ハハハ。やったな。ここは昔から、よく舟が転覆するところじゃきに」

アユの解禁日まではイダ（ウグイ）を釣っているという。

「この川のウナギは食べたか？　養殖もんと違う（ちご）て、ここの天然もんはまっこと美味（うま）いぜよ」

ウナギは水さえあれば、どんな高いところにも上って行く。この前、木を切りに入った山のてっぺんの水溜り（みずたま）で、ウナギを一貫目獲った、と話す。

この川は日本一の川である。と彼は四万十川をひとしきり礼讃（らいさん）して、ホッホッホッと笑った。

檮原（ゆすはら）川の合流点で泊る。川の水はコバルトブルーである。

二日目（大正―江川崎44㎞）ヘアピンカーブの渓谷を行く

今日のコースも難所ばかりと想像されるので、早朝に出発した。

これからやってくるひどい急流のことを考えると、武者震いがする。

川はヘアピンカーブをくり返した。渓谷が続く。

川旅の楽しさは、カーブを曲る度に新しい世界があることだ。

カヌーで行く時は、他の乗物と異なり、目に入るすべての風景は自分の腕で稼（かせ）いだものだから、それだけ感銘も深い。この山の向うにどんな世界があるのかと、カーブを曲る時は胸がときめく。

昨日よりひどい瀬がいくつかあったが、二日目は体が馴れてきて、何とか切り抜けた。

終日、水の壁を突き抜け、水の中に居た。

夕方、江川崎着。吉野川の流れこみにテントを張る。昼食を食べていなかったので、空腹と疲労で体がフラつく。

チーズ入りのラーメンを食べて、七時に就寝。

三日目（江川崎—口屋内15㎞）農山村には肥満した人間はいない

江川崎を過ぎると、四万十川はおだやかになり、大河の風貌を帯びる。しかし、流れは早く、深い流れにのって滑るように下っていくのは気持ち良かった。

山また山が折り重なり、そのすそを縫って川は流れた。人間の音が全くない。耳に入るのは山の音だけである。

今日は一日、漕がず、フネの中であぐらをかいて流されるままに下った。

黒尊川の流れこみで上陸。早々にテントを張る。

支流に沿って山道を歩いた。道端の炭焼きガマの横で老人が鋸を挽いていた。

「どこから来たんが？」

「東京です」

「うちの息子も二人東京に行っちょる。この前帰って来よったが二人とも丸々肥っての。東京の食物は余程栄養があるんじゃろか？」

「東京にいると運動不足で肥るんですよ」

農山村には肥満した人間はいない。体を使って生きているから、皮下脂肪のつきようがないのだ。

田舎で肥満した人を見かけたら、それは農協の役員か巡査か学校の先生だ。

老人はカマの中に切った木をきちんと並べ、この頃また木炭が売れるようになった、と嬉しそうである。

　彼は黒尊川一帯の山に多いケモノの話をした。流域の人は川漁も好きだが、山猟も好む。ちなみに高知県人の猟銃の保有率は日本一である。彼も冬は銃を持って山に入る。イノシシは肉が一kg最高一万円で売れるから、四、五頭獲るとひと冬食っていける。

　タヌキも多い。これは「くくりワナ」で獲る。一頭皮ごと五、六千円になる。肉はミソ汁に入れて食べる。塩漬けしたタヌキの肉は熱さましに効く。その上リキがつく。

　別れぎわ、下の川につけていた木箱のイケスからカニとエビをすくってくれた。エビを毎日食べると痔(じ)に良い、という。この人にとっては何でも体に良いようである。

　川にかかった橋を渡って対岸の部落の小さな食堂に入った。

「アイスクリン50円」と張紙のある戸を開けて入ると、一人の酔漢が抱きついて来た。良く来た、とぼくの手をしっかり握る。酔っぱらうとやたらと人恋しくなる人らしい。いっかな手を離さないので、片手でウドンを食っていると、奥さんが迎えに来た。

　酒が入るとても楽しくなる人で、それはいいのだが、この間は部落の葬式で失敗した。

　初めはシンミリ飲んでいたのだが、酒が回るにつれて幸福になり、つい酔った時の口癖が出た。彼はいったのである。

「今日は実にユカイである。こんな楽しいことはない」おまけに「ヨサコイ、ヨサコイ」と踊ってしまった。

「ヨサコイ」とは今夜飲みに来い、という意味だ。

この川の中流では人々はほとんど山仕事で暮している。あとはシイタケの栽培だ。山の木がなくなったので、男たちはまだ木の残っている他県の山に出稼ぎに行く。若い人たちはみな高知市か大阪、東京に出てしまう。山仕事は重労働だし、日給制だから、若者には人気がないのだ。

この川を下っている間、若い連中を一度も見かけなかった。

四万十川流域は四国一の僻地（へきち）である。

中流から河口までは鉄道もない。河口にある中村市に鉄道が通ったのが、やっと一〇年前で、それも赤字のため近いうちに廃線になる可能性がある。

四万十川の美しさは日本随一であろう。

水質、魚の多さ、川をとりまく自然、川から見た眺めの美しさ、いずれも日本の川では最高だ。

日本人が汚し始める前の自然が、川がどんなものであったかを知りたければ、四万十川を見に来るといい。

部落の人はいう。

「山や川が好きな人にゃここは天国じゃ」

しかし、天国には若者は住めないのだろう。彼等をより強く惹（ひ）きつけるのは美しい自然より、ゴミゴミした都会の汚濁の巷(ちまた)だ。

今は老人ばかりがいる桃源境だが、終戦直後は流域の谷々に多くの人が住みこんだ。

木炭の需要が多く、高く売れたので、炭を焼いたのである。

江川崎から下流では、「舟母(せんば)」と呼ばれる百俵積みの川舟に乗せて、河口の下田まで運んだ。この川が最も活気のあった時期だ。昭和三〇年頃まで白帆を立てた舟が川を上下した。

川でカニカゴを上げている老人がいた。横幅一〇cm程の黒緑色のカワガニ(地元ではツガニという)が二〇匹程入っている。

この人の家に遊びに行った。一人娘が嫁ぎ、奥さんと二人暮しの元小学校教師である。

趣味でやっている石や銘木、エビネ蘭のコレクションを見せられる。大木を薄く輪切りしたものや石ころがテーブルの上に並ぶ。

「この木の目はどうです。ここんとこに人の顔が出とるでしょう」

そういわれればそんな風に見えないこともない。

夕食が出た。

ツガニのゆでたもの。アユの塩焼き。テナガエビのショウユ味のスープ。一緒に煮たキュウリとのとり合わせが何とも美味(うま)い。そして、ウグイの「水たき」。清流に育ったウグイは生臭さ、泥臭さが皆無でいい味だった。

元教師の爺さんがいう。

「過疎過疎といいますが、それは都会のジャーナリズムが勝手にはやしたてているので、私は少しも過疎だと思っていません。

終戦直後、このあたりも、他所と同じく引揚者や疎開者で人間が増えましてね。あの頃は雑草まで奪い合って食べたものです。

その時に較べると、村の人口は何分の一かになっていますが、今の人口が自然とのバランスが一番良くとれた状態ではないでしょうか。

山も川も豊かです。イノシシもアユもたっぷり獲れる。今度、アユ釣りにきてごらんなさい。日本の川はこんなに良かったのか、と思いますよ」

確かにこれだけの大きな、水量の多い川で流域に人口が約一五万しか居なければ、川は美しい筈である。これより小さな多摩川の流域人口が三〇〇万人、という数字を挙げれば、少しは想像がつくであろう。

老人は「あと少しだけ、若い人が残ってくれれば何もいうことはないのだが」と述懐した。


四日目(口屋内――三里15㎞)田舎では騒音も御馳走である

朝食のラーメンを作る時、川の水を使った。こんなことのできる川はもう日本にいくつもないだろう。

田舎では「音」はそれがどんな騒音であれ、良いもの、「御馳走」である。音に対して「うるさい」という感覚、発想はない。

朝食後、川原に寝て日光浴をしていると、突如、谷間に音楽が鳴り渡り、「お早うございます」とスピーカーがいった。その声は「○時に集会がある」といい、火の用心をしろ、風邪をひくな、と長々と喋(しゃべ)り続けた。

部落の人は誇らしげに「無線放送」（有線放送ではない）です、といったが、これはなんともうっとうしい施設である。どんな山奥で働いている人にも声が届くようになっているそうである。

出発後、どこまでも風に乗ってスピーカーの声が追っかけてきた。

四国のもう一つの大河「吉野川」にもあるが、四万十川には「沈下橋」と呼ばれるコンクリート製の橋が多い。

川の平常水位から二、三m上にかけた幅三mくらいの小さな橋だ。名前通り、ちょっと雨が続いて増水すると、橋は水面下に沈んでしまう。

川沿いに走る道路から水面まで二〇〜三〇mはある。対岸にその高さで橋を渡すと大きな橋になって金がかかるので、安上りな沈下橋が考え出されたのである。橋を渡る時は一度川原まで下りねばならない。この沈下橋ですら昭和三〇年頃にできたものが多く、それまでは対岸との交通は渡し舟に頼っていた。現在、二、三ヵ所に橋脚の高い、正規の大橋がかかっているが、沈下橋の役割は依然として大きい。

多い時で一年に十数回、沈下橋は水没する。そうなると、対岸に渡るには最寄りの大橋まで大変な回り道をしなければならない。だから、川の水が橋の上を少々越えても強引に渡るが、この時、他所から来た人はよく川に落ちる。コツがあるのだ。

足下を洗う水の流れを見過ぎると、どうしても川上の方に曲って進み、橋を踏みはずすのである。馴れた人は対岸に目標を決めて一直線に進み、渡る。

去年も売薬に来た人の車と、町から来た女性の自転車が川に落ちて死人が出た。

川に落ちるとプール育ちの人はダメだ。都会の人は流されまいとして上流に向って泳ぎ、力尽きて死ぬが、川育ちの人は流されつつ岸に泳ぎ寄り、ヒョイと上ってしまう。

川の両岸は昨日に引き続き山。岸に竹林が多い。見事にゴミ一つない広い砂利の川原の中を川は鈍く光りつつ、右へ左へとうねって流れた。

中流を過ぎても川の水は澄みきっている。山の湧水(わきみず)を集めて、ますます青くなっていく。

三里(みさと)の対岸の広い川原に上陸。ここで佐藤さんと待ち合わせる。

目に入るのは二軒の人家だけ。

まだ日が高いが、テントを張って、焚火をする。子供を背負った婆さんがやって来た。

好奇心まる出しでぼくの荷物、装備を一つ一つ鼻をくっつけるようにして見る。

孫を背負うと、足が曲がると言って母親が怒る。歌を歌ってやると、そんな下品な歌は子供に教えてくれるな、と文句をいわれる。何をやってもイカンと叱られる。どうしていいか判らん、とグチをこぼした。

子守なんかやめて、あたしゃ仕事をしたい。まだまだ体は動くし、酒も男に負けんくらい飲める。去年はシラス(ウナギの稚魚)を一晩で七万円も獲ったこともある。この前、海に出て釣りをしていたら目の前をクジラが泳いで行きよった、と話す。

高知では男まさりの元気のいい女性を「はちきん」という。

土佐名物に「ドロメ祭り」というのがある。そこでは一升の酒を大杯に入れて、それの飲み干しコンテストが催される。出場者の半分が女性で、男たちといい勝負をする。去年の優勝者は女性で、一升を飲んだタイムが二四秒。飲みっぷり、マナーともに大変立派だったそうだ。

現在、日本の農村では、ほとんどの家が農業以外に道路工事やパートの仕事で稼いでいる。農機具と除草剤の使用で、農作業はずっと楽になり「時間」ができたのだ(これまでの農業は一年中、田や畑の草取りに追われていた)。

しかし、海べりの農家では決して人夫仕事はしない。海で働いた方が金になるからだ。

昔から、日本の田舎では夫を失くした寡婦を海辺の村に移住させる習慣があった。貧しかった当時でも、海に近い村では、貝を掘ったり、魚を加工したりする仕事がたくさんあって、女手一つでも何とか食っていけたからである。

クリを上げるからおいで、といわれて、彼女の家までついて行く。

山の麓(ふもと)にある大きな構えの家だ。数年前対岸の部落には簡易水道がついたが、この家ではまだ裏山から清水を引いて使っている。

ここらではシイタケやクリを作っている家が多いが、サルが来て荒すので困る。図々しいのになると家の中に入って、冷蔵庫を開けて中の食物を持っていくのがいる。

サルの防御法としてはどういう訳かムササビの皮を吊(つる)しておくのが一番効き目があるという。

この川には昔ながらの漁法が、いまだに数多く残っている。

「柴つけ漁」というのがある。青葉のついた木の枝をひと抱えロープで縛り、川に沈める。ウナギやエビがこの茂みの中にひそむ。一日おいて柴をゆっくり引きあげ、水際で大きなタモ網を下にあてて、獲物をふるい落す。プロは一ヵ所に五、六束の柴を沈め、これを一〇ヵ所くらい仕掛ける。ウナギ漁にはこの他にハエナワ、コロバシ(ウナギカゴ)がある。

ゴリというハゼ科の魚を獲る「ガラ引き」漁はロープにサザエの殻をたくさんつけて、川を引き、音でゴリを追いたてて網に追いこむ。

ゴリは「つくだ煮」にする。

ゴリの「のぼりおとしうえ漁」は川をすのこで堰(せ)き止め、一ヵ所あけた口に長さ一m程の金網を張ったカゴを据えつけて、川を遡上(そじょう)するゴリを捕獲する。これで多い時は一日に二〇kgぐらい獲る。

四万十川には川漁専門で食べている人が二、三〇人、この他に半農半漁、半林半漁が大勢いる。これほど「金になる魚」、「川の幸」の豊かな川は他にない、といわれる。一年中、漁期の切れ目がない。

三月にゴリ漁が始まる。五月半ばにアユの解禁。一〇月まではアユとウナギ。一一月から落ちアユ漁。一一月から三月まではシラスとアオノリ。

アオノリは河口近くの汽水地域の川底に育つ。土地の人は、冷たい風が吹くと一晩で五〇㎝はのびる、という。

全国のアオノリの八割はこの川でとれるものだ。火にあぶって酒の肴(さかな)にしたり、すまし汁の中に入れて食べる。出荷されたアオノリはほとんどお菓子の材料になる。

この他に、カニとエビ漁。これは売らずに自家消費する。

流域の家に行くと、一年中、季節を問わず、アユ、カニ、エビが出る。獲ったらすぐ冷凍室に入れて、保存しておくのである。

佐藤さんと部落を歩いた。

一人の爺さんが、われわれのうしろからついてきた。振り返るとニコニコと笑い、どこまでもついてくる。多分、おれたちのように生きの良い若いモンがめずらしいのである。

高知県は全国屈指の高齢県だ。

「本当にお年寄りばかりだな」

「川舟を漕いでいた爺さんはみな腰が曲ってヨロヨロしていたもんね」

「良い川には良い女がいないね」

良い川というのは過疎の地を流れる川であり、そこの若者はみんな都会に出るから、そういうことになるのであろう。

「この川ではおれたちが一番若いんだろうな」

「そう、キミは立派なヤングです」

この夏、佐藤さんはある美人コンテストの審査員になった。出てくる女がどれも素晴しく、可愛いく、ベッピンで、彼は逆上した。そして、採点を集計する時に仰天した。若い審査員たちの「採点表」には六五点、五〇点、三五点などの数字が並んでいるのに対し、佐藤さんの採点は九六点、九八点、九九・九点とみんな満点近い数字だったのだ。

それを知った奥さんに「イヤらしいわねえ」と軽蔑(けいべつ)されて以来、彼は若者コンプレックスにとりつかれているのである。

日が落ちると川底の石や沈木のかげからテナガエビが這(は)い出し、浅瀬に寄ってきた。懐中電燈を向けると二つの眼がキラリと光るので見つけやすい。これをエビタマですくった。エビは後方にはねて進むので、うしろからかぶせると簡単に獲れる。三〇分で五〇匹程のエビを獲る。体長五～一〇cm。細い竹に刺して火であぶり、口に入れると少し甘味のある肉がとろりととける。

五日目（三里—河口20㎞）川原でサルと日なたぼっこ

快晴。四万十晴れ。

山にはさまれて、無風の川原は温室のように暑くなり、陽炎（かげろう）がゆらめいた。砂の上に広げた寝袋の上で裸になり、腹ばいになってうとうとする。

背後の山が何やら騒がしい。見ると、傾斜した山腹から川の方に向って、木の梢（こずえ）が揺れ動き、それが移動している。山が切れた川べりのところでぞろぞろと降りて来たのは二〇匹程のサルだった。

知らん振りをしていると、五〇ｍくらいまで近づき、日なたぼっこを始めた。

せっせと子供のノミをとっているやつ、手でムシっている赤いものはサワガニだろうか、ふざけて転げ回っているやつもいる。

ここでは人間も動物も対等だ。

一匹のサルは、ぼくを見て腹ばいになり、ぼくが姿勢を変えてひじ枕をすると、そいつもひじ枕で横になり、こちらが逆立ちをすると同じように逆立ちをした。猿マネである。

海に近づくにつれて気温がぐんぐん上っていくのがはっきり判る。黒潮のせいだ。少しずつ人間の匂いが濃厚になる。中村市の市街地にかかった橋。川舟が出て、柴つけ漁をしている。海から生暖かい風が吹いてくる。

小さな船のエンジンや機械の音がのどかに響いてくると、そこが河口だった。

右手にずっと続いてきた山は最後に松がまばらに生えた岩壁になり、その上に終止符を打つように白い燈台がある。

何の劇的なこともなく川はあっけなく終る。川の水は海に出るまで青く澄んでいた。

四万十川はすべて山の中である。

筑後川（ちくごがわ）

日田盆地、筑紫平野を横切って有明海に注ぐ

ファルトボートを担いで川へ行く。（撮影：佐藤秀明）

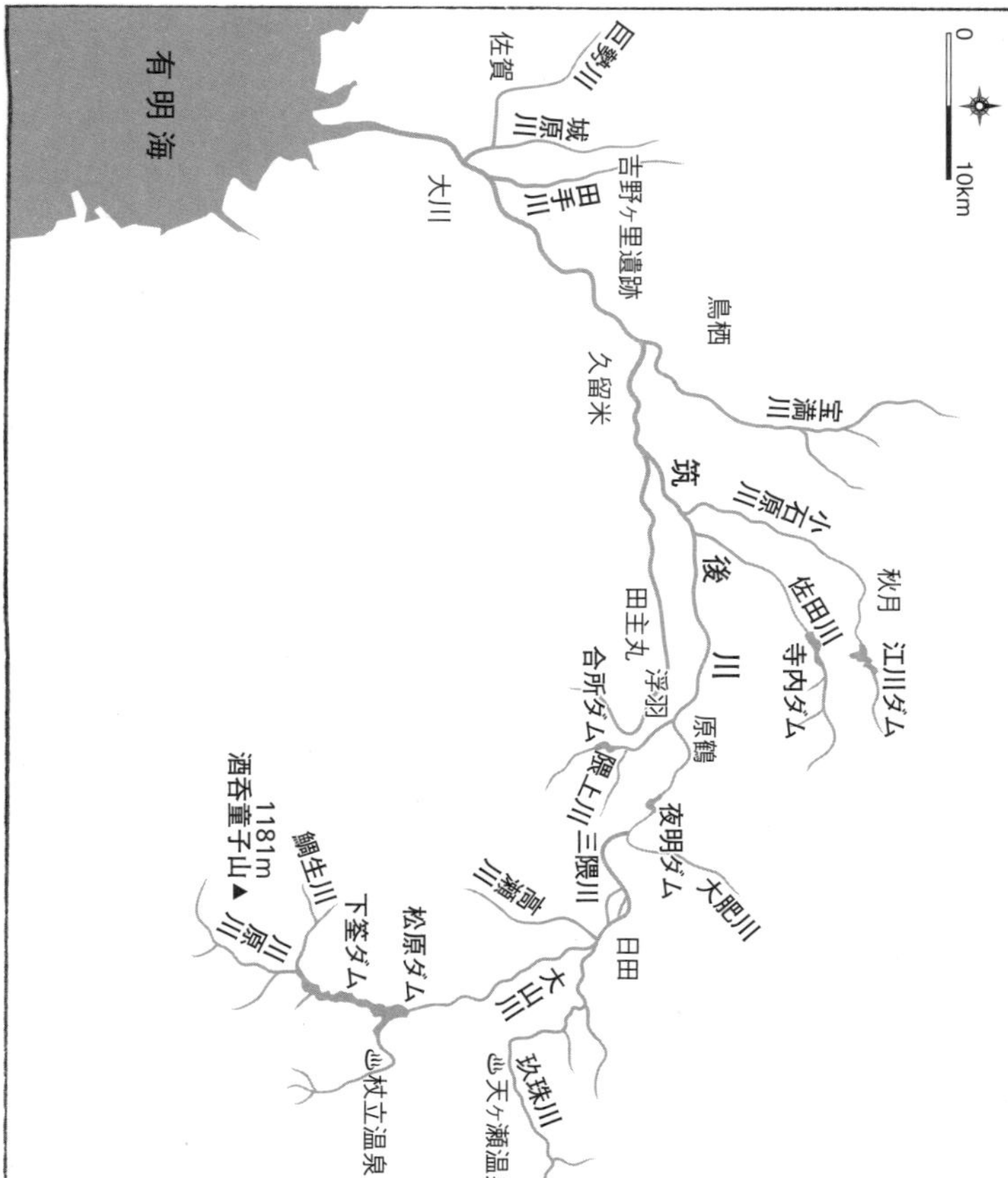

有明海
佐賀
巨勢川
城原川
吉野ヶ里遺跡
田手川
大川
鳥栖
宝満川
久留米
筑後川
小石原川
秋月
佐田川
寺内ダム
江川ダム
田主丸
合所ダム
浮羽
原鶴
隈上川
夜明ダム
三隈川
大肥川
高瀬川
日田
鯛生川
1181m
酒呑童子山
川原川
下筌ダム
松原ダム
大山川
杖立温泉
天ヶ瀬温泉
玖珠川
森川
1500m
涌蓋山
町田川
恵良
松木川
野上川
1791m
中岳
1786m
大船山
法華院温泉
久住山
1787m
0
10km
福岡
佐賀
熊本
大分

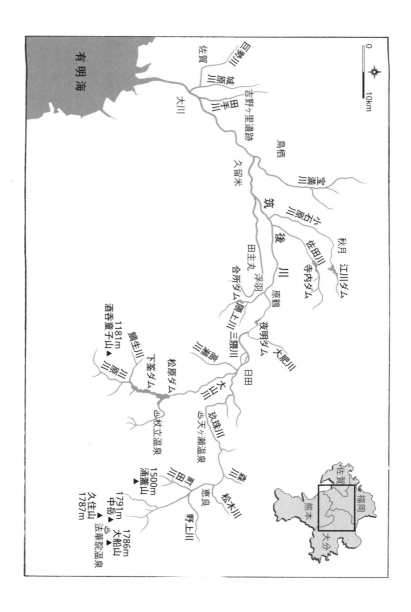

美人も簗場も洪水が流した

筑後川の上流を偵察に行った。

空は晴れていたが、ぼんやりと黄色いモヤがかかっている。中国大陸から風に乗ってやって来た「黄砂」だ。冬が終り、ある日上空を黄金色のベールがおおうと、北九州の人々は春が本格的に来たことを知るのである。今年は黄砂の訪れが遅い、と人はいった。

日本列島では大河は北部に集中している。長さ二〇〇km、三〇〇kmといった河はみな北日本にあり、九州では大きな川でせいぜい一〇〇km前後の長さだ。九州一の川、筑後川は公式全長一四三kmとなっているが、地元で筑後川と呼ばれているのはそのうちの下流六五kmだ。この川は出世魚のように名前を何度も変えながら大きくなって海に出る。

熊本の阿蘇山北部を発した水が志賀瀬川→杖立川→大山川となり、日田盆地で大分県の九重から流れてくる玖珠川と合流して三隈川となり、夜明ダムの下からようやく筑後川となる。

一日目（筑後川源流部）日田の川原にテントを張って

まず、日田から奥の大山川に入ってみた。川の両側は山の急な斜面になっていて、川床には直径一～三mの大岩が散在し、この川の流れの激しいことが判る。しかし、水はなかった。ダムのためだ。川の数百mおきに水溜りがあり、その間をチョロチョロと水が流れていた。

「蜂の巣城」のダム闘争で知られる下筌、松原ダムから出発し、ダムサイトはフネを担いで越え、ずっと漕ぎ下ってみるつもりだったが、こんなに水が少なくては話にならない。

もう一つの支流、玖珠川の方がはるかにいい。鋭くVの字に切り立った渓谷を水量のある川が流れ、スリルのある川下りができる。

天ヶ瀬の吊り橋の下で急流は終り、淀みになるが、最後の二〇mは約三mの落差のある難所だ。

ここを無事に切り抜けると岸からパチパチと拍手が起る。川原には無料の露天風呂があり、ずらりと並んだ裸形がこちらを見ているので、びっくりして転覆しないよう気をつけよう。ドキドキしつつ漕ぎ寄ると、それが婆さんばかりなのでガッカリするが、気をとり直して、お湯に入り、お年寄りたちの背中を流し(若いモンが入っていくと、あんた、すまんばってん、ちょっと背中ば流しちくれんね、とコキ使われる)、ホカホカと暖まって、フネを担いですぐ上の駅から汽車に乗りこむ——

数年前に来た時は、そんな経験をしたが、今度来てみたら露天風呂のまわりに不粋なキャンバスシートで囲いがしてあった。

対岸に最近、道路ができて、車が通るようになった。うちドンは見られてもちっとも構わないが、車を運転する人がこちらに見とれて、久米の仙人のように車ごと川に落ちてくる。それで、やむなく囲いをしたんだ、と風呂から上ったおばさんが話してくれた。

こういうのも車公害の一つであろう。

玖珠川はすぐこの下から発電用の水をとられ、五〇〇mおきに堰がいくつもあって、漕行不能になる。


結局、日田市街にかかる三隈大橋が出発点となった。川原にテントを張って泊り、日田で遊ぶ。

古い街並を歩くと「わら屋根改装」「長持ち、米びつ」などの看板があり、金物屋には「タヌキワナ」が下がっていた。

古都日田を徹底的に変えたのは「昭和二八年の水害だ」とこの町の人はいう。あれを境にして何もかも変った。日田の名物だったアユの簗場が流された(これはそのまま復旧されずに今日に至っている)。水害の翌年、この下流に夜明ダムが完成。川はそこで分断され、それまで海から遡上していた天然アユが来なくなった。ダムのためにこれも名物だった川下り遊船がなくなった。日本三大美林の一つに数えられる日田のスギ山から伐り出した材木を河口の家具の町、大川市まで流れに乗せて送っていた「筏流し」もできなくなった。

水害のために源流部の下筌、松原連続ダムの建設が促進され、二つの巨大なダム湖ができた。その湖水に流域の家庭雑廃水、家畜の屎尿が流れこむ。動きのない湖水は川のような自然浄化作用を持たないから、たちまちドブ溜めのようになり、山奥の湖水が水道原水にも使えないというひどいことになってきた。昭和五六年一〇月の地元の新聞の発表では、日本の人造湖の汚染のひどいワースト三、四位にこの下筌、松原ダムがあげられている。

筑後川流域には一四の温泉街があり、そのほとんどは上流に集中している。そこに大きなホテルが建ち並び、下水を垂れ流し、川の汚濁に拍車をかけた。

日田の人たちが何よりも誇りに思い、愛したのは自分の町を流れる三隈川の水の美しさであった。昔は澄みきった川の上に舟を浮かべると川底の魚が手にとるようにはっきりと見えた。

しかし、今の三隈川は雨の濁りのない日でも、川に手をひじのところまで入れると指先が見えない。昭和二八年の水害後、小京都「水郷日田」はありふれた山間の町になってしまったのである。

昼間の三隈川を見るのは辛(つら)かです。夜になって汚れた川が見えんごとなって、川に街の灯が映ると、昔の日田に戻ったようでホッとするとですよ。川っぷちの居酒屋で隣に座った男がそんなことをいった。

「角の井」という地酒を飲む。カウンターのノレンに「清流と美人の日田の酒」とある。

「あのね。みんな日田美人、日田美人というけど、ほんとにいるの？　今日一日中町をキョロ眼で歩いたけど、一人も見なかったぞ。それとも今日は美人の運動会かなにかあって、全員そっちに行ったのかね」

それまでにこやかに酒を注いでいた女将(おかみ)がプイと向うに行き、側の男は酒を喉(のど)につまらせたのか、ムムッと苦悶の表情をした。

多分、日田の美人も二八年の水害でみんな流されちまったのである。


今回の川旅は荷物をできるだけ少なくした。

夜明ダムをはじめ、筑後三堰といわれる三つの大堰ではフネごと担いで越えなければならない。テント、半シュラフとジャンパー、釣り竿一本、ヘッドランプ、食料はクラッカーとチーズ、コンソメスープのみ。それとコーヒー、ウイスキー、二リットル入りのプラスチックの水筒。ブタンガスのコンロ——これが全装備である。

二日目（日田—原鶴20㎞）夜明ダムを越える

三隈大橋を出発。日田の町の中を漕ぎ抜ける。川べりは公園や遊歩道になっていて、春の陽ざしを楽しんでいる人が多い。さて、ここでわが勇姿をカメラに収めようと、シャッターを押して貰う人を捜す。なるべく二五歳まで、目測体重四三kg以下の楚々とした美人が望ましい。一時間程川の上をうろうろして物色したが、それらしきものは皆無である。ほらな。おれのいった通りだ。

「おばさんでいいや。写真頼みます。仕方がない」

「なーん？」

「いや、いや、こちらの話。あのね。シャッターを押す時はですね、手を動かさずに、人差し指だけ動かして押して下さい」

と注意したにもかかわらず、おばさんは大いに張り切って、グイと力一杯シャッターを押したので、カメラが下を向き、現像したら川の水だけが映っていた。

公園下の堰から五kmがこの川の最も流れの早い面白いところだ。

筑後川の四月。

川の上に光があふれ、土手の花の色が目にしみる。

Sの字にカーブした急流。瀬音がフネを包み、傾斜した水面を滑り降りる。水量がなく浅い瀬。岩が舟底をガリガリと噛む。二、三級の瀬が続く。波の中に突入。胸まで水没し再び浮上。岩をかわし、目の前の波を読む。

全身を凝縮させ、波とかけひきをしていると獰猛(どうもう)な感覚が甦(よみがえ)り、眼が三角になる。最後の岩の間をうまくすり抜けて、鼻歌が出た。

川はおだやかになり、夜明ダムの静水(バックウオーター)に入った。

艇を岸に上げ、肩に担いでダムサイトを巻く。ダム下から約二kmは水が少ないので、浮かべたフネを曳(ひ)いて川の中を歩いた。一時間歩くと、上流で取水して発電所で使った水が大きな導管から吐き出され、筑後川はまた川になった。三〇分漕ぐと大石の堰。ここを越えて原鶴の川原にテントを張る。

夜、タオルを下げて橋を渡り、対岸のホテルの温泉に入りに行った。

満月に近いおぼろ月夜。

三日目（原鶴―田主丸10㎞）「コイ抱き」するやつは助平である

起きぬけに浅瀬で竿を振る。オイカワがよく毛バリを追い、面白いようにかかった。一時間でイワシのように大きなやつを四〇匹釣る。草むらの中でヒバリを拾った。誰かが捨てた釣り糸のテグスが体にからまって動けなくなっている。弱っているのでウイスキーを飲ませると俄然元気になった。何とかエサを食べさせようとしていると娘が土手の向うからやってきた。ホテルの泊り客のようだ。

「その鳥どうするんですか？」

「食べるんです」

とぼくは嘘をついた。彼女は逃してやれ、といったが、ぼくはもっと鳥をいじっていたいのである。自然を小手をかざして眺めているだけではつまらない。流れがあったらそこで漕ぐ。原っぱがあったらそこで寝ころぶ。淵があれば潜る。そして魚をこの手で掴む。鳥も魚もこの手でギュッと握って触らないと気が済まない。そんな意味のことをいうと、娘は大層怯えた表情をして、ジリジリと後ずさりしながら、あえぐようにいった。

「そ、それは魚と鳥だけの話なんでしょうね」

午後出発。一〇㎞漕いで田主丸まで。高い土手と広い河川敷は一面の菜の花である。その中にテントを張った。

川舟に乗って刺し網を入れにきた親爺と話す。

この前、二〇cmのティラピアが網にかかった、という。ティラピア（ピラニアではない）はアフリカ原産の淡水魚で、発育が早く、姿や味がタイによく似ているので「イズミダイ」とか「チカダイ」と呼ばれている。

水温の高い池で養殖しているところもある。これを九州の各河川の漁協や水産試験所では川に放流しているが、まだ実験の段階だ。川の水温が冬期二〇度以下になるので、それがネックになっている。ウナギも減った。長い竿の先にカギになった金具をつけて川底をさぐり、ウナギを引っかける「ウナギかき」も川底がゴミばかりでダメになった。

「減った魚の話ばかりだけど、何かこう、昔よりうんと増えた魚はないですか？」

「うーん。それならヘラブナとニゴイじゃろ。投網ば打つとヘラばかり入ってどんこん仕様んなか。マブナなら売れるばってん、ヘラは一銭にもならん。犬のエサたい」

昨年、川の魚を調べるために、県の依頼を受けて何日か網を張り、獲りまくったことがある。その時、獲れた魚の九割がニゴイだった。ニゴイもヘラブナも川の汚染のバロメーターになる魚で、これが増えた川は本当に汚れた川だといえる。

筑後川には寒中、川に潜ってコイを素手で獲る男たちがいる。「コイ抱き」と呼ばれる漁法だ。わざわざ水の冷たい時期を選ぶのは、冬はコイが半冬眠状態で岩や杭の間などにじっとしているからである。

厳寒期の冷たい水の中ではコイやフナはボーッとしていて、手で触れても、余程強く刺戟しない限り逃げない。ポンと魚の頭を指ではじくと、フラフラと動き出すが、すぐにまた元の穴の中に戻ってきたりする。抱きとるよりもヤスで突く方が簡単だが、傷つけると商品価値が下る。コイを見つけたら、先ず、片方の掌でそっと目かくしをし、もう一方の手で尻尾を押える。三〇㎝くらいまでの魚なら、これだけで獲れる。それより大きなコイは、ゆっくりと頭を掴んで胸にひきよせ、自分の顎の下に入れて尻尾を押える。魚は後退できないから、これで逃げられなくなる。そこでコイをしっかりと胸にかかえこみ、浮上し、舟や岸の上に放り投げる。二〇分も潜っていると、ウェットスーツを着ていても体が冷えて感覚がなくなるから、陸に上り、焚火で体を暖めて、また潜る。

「アユ押し」といってアユを手掴みするのもある。

夜間、アユのいる急流に入り、両手を流れの中で動かして、手にぶつかったアユを掴む。敏捷なアユも夜は動きが鈍いから意外に簡単に手掴みができるのである。これは長良川あたりでは「夜撫ぜ」といって、禁止されている漁法だ。

釣りや網漁も面白い。しかし、一番面白いのは素手でやる漁だ。道具を使わない分だけ人と魚は直接、対等につき合うことになる。

こうした攻撃的な漁法が発達したのは、気候風土よりも、九州人の性格によるのではなかろうか。せっかちで、待てないのである。

釣っていても少し食いが悪いと、すぐに裸になって川にとびこんでしまう。魚に食べて貰う受身の釣りよりも、こちらから攻めていく方がいいのだ。手掴み漁には男の根源的なところを満足させる何かがある。

「コイ抱き」をするやつは助平だ、というのがこの地方の定説のようである。以前、田主丸に住む、コイ獲りの名人といわれる男を取材したことがある。

名人は会って三〇分もしないうちに、自分は目下、六人の「彼女」がおる、と自慢を始めた。筑後地方はもともと性風俗の大らかなところである。名人がいうには、コイ抱きの要領は女子(おなご)を口説くのと全く同じであり、それに冷水に入ったり、火で暖めたりするのが「金冷法」になって、とてもいいんだそうである。

四日目(田主丸に停泊)植木の町の夜

終日、柔らかい雨が降った。テントの中でムーアヘッドの『恐るべき空白』を読む。オーストラリア内陸部の探検記だが、タフな探検家たちが砂漠の中のクリークで、魚の群れを目の前にしながら、それを獲ることも食べることもせずに餓死していくのが興味深い。

夕方、ひとしきり春雷が轟(とどろ)き、雨止(や)む。田主丸の街に出て、赤ちょうちんで飲んだ。

田主丸は植木の町で、あたりの畑には様々な植木や苗がずらりと植えられている。隠居後もちょっと植木をいじるといい金を稼(かせ)げるので、この町の老人たちは鼻息が荒い。良く目の光った一人の爺さんが、ぼくのコップにどんどん酒を注いだ。断ると殴られそうなので、どんどん飲む。昔、工兵隊に居た、という。久留米の工兵隊といえば、戦前の教科書に載っていた「肉弾三勇士」で有名な部隊である。爺さんはいまでも、息子や孫が気に食わん時は張り倒す。殴って足払いをかけるから、やられた方は体が宙に浮いてドサリと落ちるのだそうだ。老人は自信満々である。

「今夜はうちに泊らんの」

彼は半ば暴力的にぼくを家に連れて行った。

彼の娘だという中年の婦人が出てきた。彼女は「良かもんば見せちゃろ」と有無をいわせず、ビデオに撮った映画「誰が為に鐘は鳴る」をかけた。

ラストで若きクーパーがバーグマンに別れを告げるシーンになると、おばさんは小さな眼に涙をいっぱい浮かべて、せりふを先どりした。

「ホラホラ。〈お前が行けば、おれも行くことになる〉ちいわっしゃるよ」

五日目(田主丸—河口48㎞)菜の花のカーペット

早朝出発。

春らんまんの筑後川を下る。川の両側の広い土手に菜の花のカーペットがずっと続く。

風が吹くと、土手向うの桜の花びらが菜の花のそれといり混って川を舞った。

筑後川は上流から河口まで、ぎっしりと人間が住みついた川だ。暖かい山陽や九州ではどこでもそうだが、山深い源流部にも人家が多く、川の水は早くも人の臭いがする。川の風景の中にはいつも人がいた。川旅の感傷など少しもない賑やかな川だ。

九州一の大河というが、数字の上で見るとこの川が小さいので意外な思いがする。川の長さ、流量ともに日本で二〇傑の中に入らない。全体に川の小さい九州では、長さこそ一位だが、流量は四位。ただ、最大流量と最小流量の差を表わす河況係数が国内では紀の川に次いで二位。つまり、雨の多い時はどっと流れ、あとはいつもカラカラ。まるで江戸っ子のフトコロみたいな川だ。

下流の久留米の人曰く、

「ああた。夏の日照りの続いた時にゃ、この川は尻からげて渡れますばい」

この川が大河と呼ばれるのは、数字の上からではなく、流域に抱える人口の多さ（流域人口一一〇万）、人々にとっての川の存在度を尺度にしているのであろう。

中流を過ぎると川の両岸に「島」の名のついた地名が多くなる。床島、金島、柳島等、ちょっと地図を見ただけで二〇～三〇はある。筑後川だけではなく、長良川や千曲川流域でも島地名が多かった。川が蛇行し、流れが変ると州や島が残り、それが数十年、数百年の年月を経て陸地化したその名残りである。また、一m程土盛りした上に家が建っているのは、昔の人々の洪水対策である。

ダムができて洪水はなくなったが、一方でマイナスの面もある。毎年の出水が川底や淀みに溜ったゴミやヘドロを洗い流し、川を掃除した。それがなくなり、川はますます汚れていく。

中流以下で流れこむ支流は、どれも恐しく汚れていた。川は流れることで自己浄化作用を持っているが、これらの支流はいずれも自浄作用ゼロの完全なドブ川だ。都市のように排水規制のできない農村地帯の川だから、今後、汚れは増す一方であろう。

筑後川が美しい流れをとり戻すには、今の三倍の水量が必要だといわれている。数年前から専門家たちはこのまま汚染が進めば、中流以下の筑後川は昭和五五年には自然浄化力を失い、飲料水として使えなくなる、と警告してきた。

更に、筑後川の水を久留米市から福岡市や北九州に送るための「筑後大堰」の建設も着工した。また、源流部に新しくダムをいくつか作り、近県に水を送る計画も進められている。川の水は今後、もっと少なくなり、汚染は急速に進むだろう。

筑後川は死ぬのである。荒川や多摩川のように。

久留米市内に入ると川は淀んで更に濁り、沼のようになる。水門式の舟通しを持っている小森野堰を越えた。堰下に海から遡（さかのぼ）ってきた稚アユが溜っている。それをねらって大勢の人が釣り竿を出していた。アユはもう一〇cmの大きさになっている。

うしろから見ているぼくを意識して一人のおっさんが大声で呟（つぶや）いた。

「これはな。アユじゃなかと。朝鮮バヤたい。チョーセンバヤ」

朝鮮バヤとは筑後川の漁師が解禁前に密漁したアユを売る時の別名である。

水天宮が左手に見えてきた。筑後地方の中年以上の人は「水天宮」の名を耳にするとみんな懐かしそうな顔つきをする。八月の夏祭りはこの地方最大の祭りだ。自動車が普及するまでは、村人を満載した舟が支流、枝川を下り、本流にやって来て、川を埋めた。上流から来た舟は満ち潮を待って川を遡り村に帰るのだ。

お宮の下に舟着き場があって、川から境内に上る広い階段がついている。

そばのテトラポッドの上に座ブトンを敷き正座したお婆さんが釣りをしていた。カヌーを見て目をパチクリさせる。

「あらーッ。あんた面白かもんに乗っとるねえ」

婆さんが酢コンブをひと掴みくれる。口に入れるとミミズの匂いがした。オイカワを釣りあげると、大声で釣れた、釣れたと連呼している。血液がとても濃厚な人である。

水天宮の対岸に長門石（ながといし）という村がある。戦時中、ここにある「八幡さん」は「徴兵避（よ）け」の神様としてひそかに人気があった。その神前に供えた「霊水」を飲むと、兵隊にとられないというのである。特に夏の水は霊験あらたかだといわれた。

筑後川の風土病に「日本住血吸虫病」がある。病原菌は夏になると中間宿主のミヤイリ貝を出て水面を浮遊する。長門石付近はそのミヤイリ貝の棲息（せいそく）地で、神前の水は川から汲（く）んだものだったのだ。水を飲まされた子供は内臓を犯され、成長が止る。成人して徴兵検査を受けると、身長が足りずに不合格になる、という訳である。

久留米を過ぎる。大きくなった川の左岸は福岡県、右岸は佐賀県だ。地平線まで続く田畑をクリークが碁盤の目のように区切っている。九州の水田の三分の一を占める筑紫平野だ。

筑後川の注ぐ有明海は日本で最も干満の差が大きい。下流域の農民はこの干満の差を利用して、クリークに水を導入する。

満潮時、比重の軽い淡水を上に乗せて、海水が川を逆流してくる。田植えが近づくと川の樋門を開いてこの淡水だけを引き入れるのである。取水日は干満の差の激しい、月に二回の大潮の日だ。クリークに留めた水は足踏みの水車で田に入れる。水車が揚水機に替るまで、この辺の農民の足には例外なく「水車ダコ」があった。

春になるとクリークの「泥上げ」が始まる。水を汲み出し、底に溜った泥、ゴミをさらうのだ。水を抜かれて跳ねまわる魚をとるのは楽しい附録だ。上げた泥は田に入れて肥料にした。

しかし、最近は「泥上げ」の光景も見られない。農家の人で近くの大川市にある木工場などに働きに出る者が多くなって、人手がないのだ。一町歩の田を持つ農家でも機械でやれば一週間で田植え、稲刈りが済むので、みんなサラリーマンになった。

これまで村や部落の共同でやっていた祭り、泥上げなどは村民がサラリーマン化したことで衰え、維持できなくなった。

かつて飲み水、洗い水であり、「作舟」を使った交通路であり、娯楽の場であり、農民の生命線であったクリークは泥が堆積して浅くなり、汚水が流れこんでドブになりつつある。クリークに投棄されたゴミの山。あちこちに浮んだ魚の死臭は田園の荒廃を象徴していた。

——泥上げの魚とりが楽しみで、私なんかいい年になっても前の晩は嬉しくて寝つかれなかったものだ。今じゃ誰もクリークを構わんから、ボウフラが湧き放題だ。夏はスズメのように太か蚊がワンワンくる——「藺草」の田で草を取っていた老農夫が語った。藺草とはゴザや畳の表にするもので、田に稲のように植えて育てるのである。筑後の名産だが、今年は藺草の暴落でせっかく育てたものを焼かねばならない。老人は淋しそうだった。

天建寺橋を過ぎると川幅いっぱいにテトラポッドを組んだ堰があった。上陸してそれを巻こうとするが、岸はヘドロのぬかるみが続いて上陸できない。少し引き返してコンクリートの護岸に上った。潮が満ちて堰が水面下に沈むのを待つのだ。

このあたりから筑後川は荒涼とした泥の世界になる。有明海が日に二度、泥を持って浸入するので川の水は茶色だ。岸にはアシが生え、これまで楽しませてくれたウグイスやヒバリはカモメとヨシキリに変った。

陽ざしは初夏の暑さ。

もうすぐ、この川名物の「エツ漁」の季節が来る。

潮がひたひたと満ちてきて、筑後川を逆流し始めた。

菊池川（きくちがわ）

阿蘇に発し菊池、山鹿を通って有明海に注ぐ

故郷の川は懐しいが濁っていて寂しい。

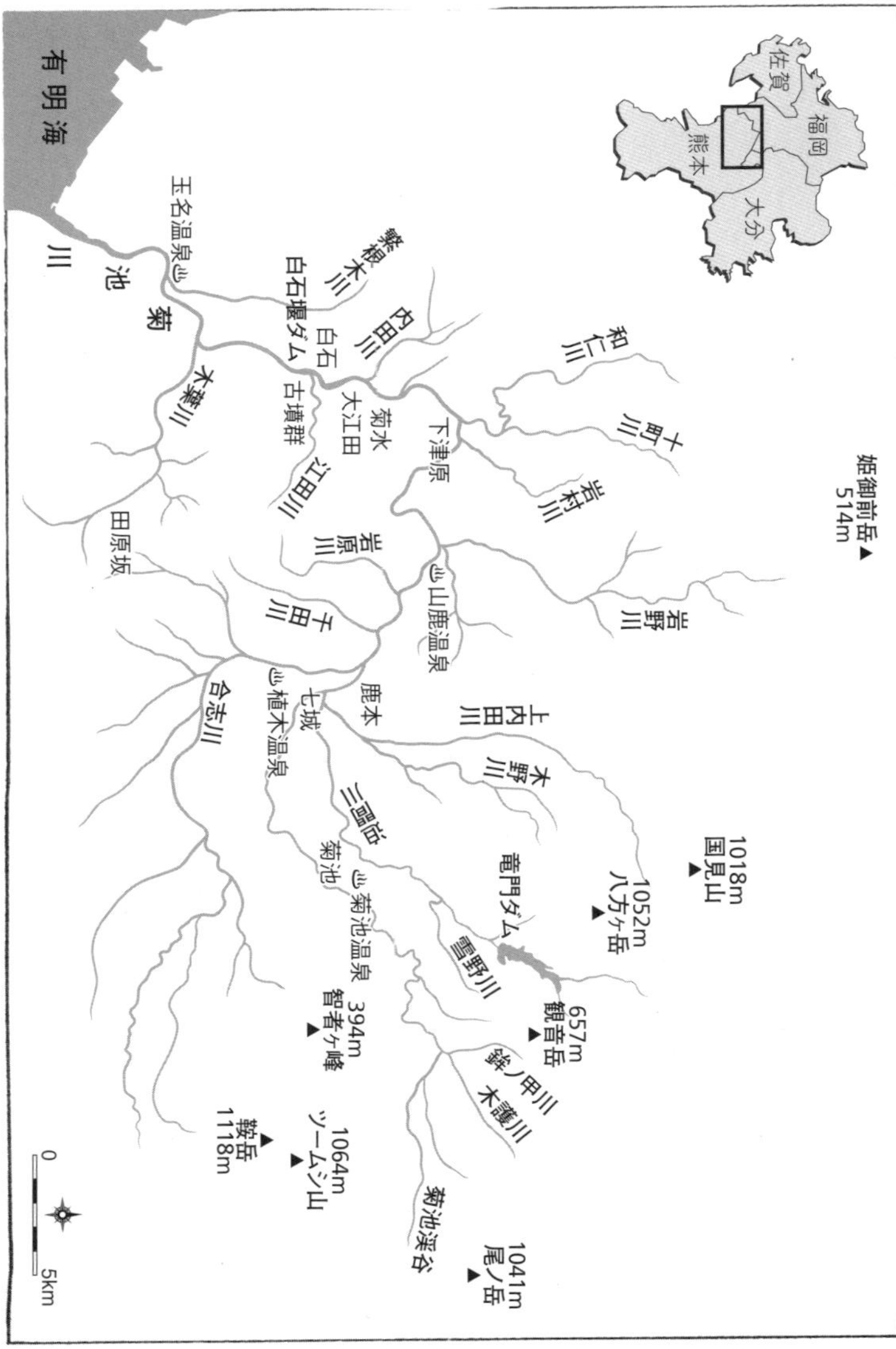
有明海
玉名温泉
菊池川
繁根木川
白石堰ダム
内田川
白石
和仁川
木葉川
古墳群
菊水
大江田
江田川
下津原
十町川
岩村川
姫御前岳 514m
田原坂
岩原川
山鹿温泉
千田川
岩野川
合志川
植木温泉
七城
鹿本
上内田川
木野川
菊池
竜門ダム
1052m 八方ヶ岳
1018m 国見山
菊池温泉
雪野川
394m 智者ヶ峰
657m 観音岳
鋒ノ甲川
木護川
鞍岳 1118m
1064m ツームシ山
菊池渓谷
1041m 尾ノ岳
0
5km
佐賀
福岡
熊本
大分

唖然(あぜん)、ふる里の川はいま

菊池川は郷里の川である。

今回はキャンプを止(や)めて、中流にあるぼくの出身地菊水町から通いで下ることにした。

一日目(菊池—山鹿(やまが)14㎞)水車小屋便り

菊池市の市街地からちょっと離れた橋の下からフネを出した。阿蘇の外輪山が背後にある。

菊池渓谷を過ぎたばかりの川はまるで初々しく、透明な水を通して、川底の様子がよく見えた。川はまだ泳げる暖かさである。

なだらかな土手に草が一本一本剣のように光り、一〇月の南九州の暖かい陽光が川面に輝いた。

菊池川は阿蘇の外輪山の深葉山(七四〇m)に源を発し、菊池、玉名平野を貫流し、有明海に注ぐ。全長七一㎞。火山地帯を通り、流域には温泉が多い。

川に適度の勾配(こうばい)があって、気持ちの良い瀬がいくつも続く。流れは時速五、六㎞。快適なスピードを楽しむ。五〇〇mから一㎞おきに落差の小さな堰(せき)があり、フネを担いで巻く。

両岸には菊池平野。深く頭を垂れた稲穂が熟れて、風が吹くと、視界いっぱいに黄金の波が揺れた。

温暖な九州では、田植えや稲刈りが北国や山間地より一ヵ月くらい遅い。

ここでとれる「菊池米」は戦前、日本一美味い米だといわれていた。しかし、その品種(アサヒ一号)は草丈が長いので機械刈りには合わず、増収型の他の品種に変った。現在では二、三軒の農家が寿司屋と契約して、戦前の品種を作っているだけである。

菊池川上流には禁漁区が多い。七、八ヵ所ある。堰の上下の二〇〇mくらいを区切って禁漁にしている。

あちこちで男たちが川に入り、「瀬張り網」を張り、水を叩いて魚を追いこんでいた。川がそう広くない上流では、このくらい禁漁区を設けておかないと、魚が獲りつくされてしまうのであろう。

秋晴れに浮かれて出てきたのだろうか、川に人が多い。

エサを入れて川底に沈めておいた竹筒を引きあげている男。筒の中をのぞきこんで、

「入った、入った」

と叫んでいる。彼の腰のビクの中には四、五匹のウナギがうごめいていた。

川原に弁当を広げて食事をしているところに、山羊が乱入してきて、騒いでいる家族連れ。

中流から汚染で惨憺たる川になる菊池川もこのあたりでは実に牧歌的である。

土手にフネを着けると、草を食んでいた赤牛が柔和な眼つきをして近寄り、頭をすりつけた。黒牛に較べるとやや小ぶりで、肉質も落ちるが、粗末な飼料にも耐え、性質もおとなしいので、非常に飼育しやすいのが「肥後の赤牛」だ。

流域の雑廃水、畜舎排水が流れこむと、小さな菊池川はたちまち汚れていった。この川が決定的に「清流」でなくなるのは、合志(ごうし)川の流れこみからだ。その上流に工場、畜産団地が建ち、汚水がそっくり川に入っているのである。

九州自動車道ができて、過疎化に悩む郡部の町村に多くの企業が進出した。地元の役場では頭を下げて誘致した手前、批判がましいことは一切いえない。ここでは工場の排水、廃棄物は野放しである。

菊池川上流には日本では鹿児島の川内(せんだい)川とここだけにしかない天然記念物の「チスジノリ」がある。

昨年の発育状態は前年の一割にも満たないもので、今年はもっと悪くなるのではないかと憂慮されている。

「灯籠(とうろう)」で知られる山鹿市に入る。フネを上げ、近くの家の庭に置かせて貰った。本拠地の菊水町まで車で送ってやろう、というのを断って、自転車を借りた。全く初めての家なのだが、郷里というのは万事心安いのである。

山鹿から菊水町まで、山を真二つに割って作られた新道を通ると、まるで他所(よそ)の国を行くような気がする。景色に憶(おぼ)えがないのだ。

しかし、自転車で旧道を行くと、やや変ってはいるが故郷はもとのままの懐しい姿を見せてくれた。

道筋にある旧知の家にちょっと寄ってみる。「水車小屋の爺さん」と呼んでいる家で、今はもうやめたが、二〇年程前まで水車で精米と粉ひきをやっていた。

爺さんの住いが元の小川の近くから現在の山の中に移ったのには理由がある。彼が八〇歳に近くなると、息子が「父っつあん、老人ホームに行かんな」といった。怒った爺さんは、数人の友人に手伝って貰い、山から木を伐り出し、自分で家を建てて、婆さんを連れて、さっさと移ってしまった。このあたりの人は昔から農閑期には大工、左官の仕事をやっているので、家くらい自分の手で簡単に作ってしまうのだ。

それが一五年前のことで、彼は今年九二歳になる。

すぐ死ぬだろうと思って、家を雑に作ったが、こんなに長生きするのなら、もう少し念入りに作っておけば良かった、と苦笑する。

縁側で婆さんと二人で日なたぼっこをしているその頭上に、メジロ、ホオジロの入ったカゴが下がっているのも昔のままだ。

子供の頃、ぼくの飼っているメジロがヘビに飲まれたり、モズに蹴られたり、逃げたりすると、いつも爺さんのところに新しいやつを貰いにきたものだ。ヒバリを生け捕りにする方法、ウサギワナの作り方を教えてくれたのもこの人だ。庭の隅にホオジロを獲る「バッタリ」が仕掛けてあるのも嬉しい。
爺さんはこの年になってもまだ、何でも「自給」しているのであった。

食べるもんは畑で作るし、戦死した息子の恩給や養老年金があるので、それを使いきれん、金が余るという。

家のすぐ上の村を見下ろす丘の上に部落の共同墓地があり、その一角に戦没者の墓が並んでいる。爺さんの戦死した息子さんの墓もここにある。

「故、陸軍軍曹、昭和二十年一月十四日、ルソン島で戦死。享年二十四歳」
「故、海軍兵曹長、昭和十九年十一月二十一日、台湾沖海戦にて戦死。享年二十二歳」

こんな墓石が二〇程並んでいる。戦死者の年齢が若いのに胸をつかれるが、小さな部落からこれほど多くの戦死者が出ているのにも驚かされる。このあたりは貧しかったので志願兵が多かったのである。

夕焼け空の下、峠の坂道を自転車を押して帰る。

カラスが鳴いて山の巣に戻り、お寺の鐘が響いてくると、さすがに心がヤワになり、昔のことが想い出された。

この地蔵さんの角の桜の大木は、セミをとりに登っていざ降りようとすると、根っこのところにアベックが座っていて何かやっているので、降りるに降りられず途方にくれた木である。

向うの柿の木はいつも熟し柿(てんまん)をとった木だ。ある時、隣の部落の女の子が好きになり、この下を通る彼女に毎日柿を投げつけた。それは田舎の男の子の愛情の表現だったのだが、一ヵ月それを続けて、教師にいいつけられ、ひどく殴られたものである。今でもぼくが可愛い娘を見ると石をぶっつけたくなるのは、この時の後遺症だと思われる。

二日目(菊水町滞在)清正公(せいしょうこう)さんならナンデモイイ

雨で川下りは休み。佐藤さんと家でゴロ寝をする。

「ここでは一日に何回も『セイショーコさん』というのをきくけど、何のことなの？」

「加藤清正のこと。清正公（せいしょうこう）さんといってるんだ」

「きのう川沿いを車で行ったり来たりしたけどね、人に尋ねると、山も川も建物もみんな清正公さんが作った、の一点張りなんだ。あれは本当なの？」

「半分以上はウソ。熊本では良いものは全部清正公さん、ということにしたいんだ」

菊池川では、現在の河口からの数㎞を掘り替えたこと、堤防に「石刎（いしばね）」「刎出し（はねだし）」といって両岸に石垣で三角の突起をのこぎりの歯のようにいくつも作ったのが清正のやったことといわれている。石刎は岸に当る水流を川の中央に無理なく押し出すようになっている合理的な護岸で、三〇〇年前の石組みはびくともしていない。

清正公さんは土木の天才だ、と熊本の人間はいう。近年、県下の河川で、古い護岸をとり壊して、新しく工事をしているが、二、三年で決壊するものが少なくないのだ。その横の古びた三〇〇年前の石垣が平気で洪水に耐えているのを見れば、「清正公さんは大したものだ」と思わざるを得ない。彼の河川工事に二重石塘がある。これは重要な箇所に石組みの堤防を二重に作ったもので、それが威力を発揮したのは三〇〇年後、二〇世紀になってからである。未曽有（みぞう）の洪水で石垣がくずれ、もうダメだと天を仰いだ時、土の中から後列の石垣が現れて、堤防の決壊を防いだ、という例がいくつかある。

加藤清正が県下では神様の如く敬われ、愛されているのは当然であろう。

清正公は身の丈一九〇㎝の長身だったそうで、その偉丈夫が帝釈天（たいしゃくてん）の大栗毛の馬にうちまたがり、長槍を持っている図は肥後人の好みに合っていた。武者振りの良さこそ、肥後人の最も愛する美徳である。熊本弁で「カッコ良い」というのを「武者ン良か」というが、清正公さんはあらゆる点で武者ン良か人であった。

子供の頃、田舎芝居が毎週村の小屋に来ていた。舞台がダレて、場内がざわつく時がある。すると、すかさず舞台すそから、進行中の舞台とは関係なく、烏帽子兜に片鎌槍をかいこんだ男がタッタッタッと走り出てきて、大音声でいう。

「何事の関りなけれど、罷り出でましたる加藤清正ッ」

ここでキッと見得を切り、槍をリュウとしごくと、場内はワーッと湧き立ち、沈滞ムードは一気に陽転、ぐっと盛り上る。

舞台の上の股旅と清正公がどんなに無関係であろうと、少しも構わない。清正公さんが出さえすれば、ナンデモイイのである。

菊水町が韓国の公州邑という町と姉妹都市の縁組を結び、訪韓する人が増えた。

向うで名所旧跡に行くと、

「ここは昔××のあったところですが、加藤清正という悪いやつが焼き払ってしまいました」とやられるので、大変困惑するそうである。

佐藤さんとの話が続く。赤酒をとり出して飲む。

「熊本県人は赤色が好きなんだろうか。赤牛、赤酒だろ。あそこに下がっている袋に『肥後の赤玉』

ってある」

「そういえば肥後の刀は赤鞘（あかざや）だ」

「あの赤玉もカトーキヨマサが作ったんでしょう」

彼は冗談でいったが、それは当っている。

清正が朝鮮遠征の時に、向うから連れて帰った医者が伝えた秘伝の薬がこの赤玉である。

このあたりの農家で副業に売薬をする人が少なくない。売り歩く範囲は九州一円、山陰山陽に及ぶ。赤玉はその「家庭配置薬」の主力となるもので、「腹痛、下り腹に良し」と効能書きにはある。菊水町で作っている。

数年前、アリゾナのナバホ・インディアンの居留地に行った時、この薬を多量に持参した。赤玉は絶大な威力を発揮し、終い（しま）にはそこのメディスンマン(医者、占い師、人生相談、失せ物、方角占い、何でもやる人)までが「オレ腹がシクシクする。ノダよ、あのレッドボール(赤玉の直訳)をちっと分けてくれんか」とやってきたものである。


熊本県人の好きなものは清正公に皇室だ。

「もし日本から皇室がなくなる時は、熊本県が皇室をひきとるだろう」といわれ、「天皇引きとり県」の別名がある。

数年前、菊水町に皇太子ご夫妻が来訪し、関係者を狂喜させた。来訪先の老人ホームでは、池のコイまで感激して、頭を揃(そろ)えて出迎えた、といわれた。

真相は職員が池の底までピカピカに磨きあげ、一行が到着する直前に新しい水を入れ、コイを放したので、いざ拝謁の光栄に浴する時には水道水のカルキにやられて、プカプカ浮いてしまった、ということらしい。

老人ホームに入る曲り角で、皇太子一行の車の屋根に桑の枝が触れるのではないか、というので、その畑を町が買収して道を拡げようとした。畑の持主は「百姓が土地を手放したらお終いだ」とつっぱねた。すると、宮内庁から「この非国民!!」という叱責(しっせき)がきたそうである。

その農夫はいう。

「仁徳天皇の昔から、皇室ちゅうところは国民をもちっと可愛がりよったですバイ。陛下がそげなムゴかこつばする筈がなか。わしには通じん(判らない)ですよ」

普通の日本人には「非国民」「仁徳天皇」「宮内庁」などという単語は死語、古語で、少しもピンとこないのだが、ここ熊本県ではまだ日常慣用句である。

夕方、雨降り止む。

夜、川向うから、ピーヒャラドドンという笛、太鼓の音が風に乗ってきこえてきた。そういえば明日(一〇月一五日)はお宮で神楽舞いのある日だ。

三日目（菊水町滞在）菊池川から魚が死滅した日

菊池川河畔の朝は「カツーン、カツーン」という音で目が覚める。木槌（きづち）で玉を叩き、ゲートの中に転がす「ゲートボール」の音だ。

老人に人気のあるスポーツで、新聞によると熊本の六〇歳以上の人たちの五五パーセントが愛好者だそうで、熊本は日本で最もゲートボールが盛んな県だという。

田舎では老人たちの政治力が強いから、ちょっと空地があると、すぐブルを呼んできて整地し、ゲートボール用のグランドを作ってしまう。

だから、村の子供たちは、キャッチボールをする場所がなくなった、とこぼす。

今朝の新聞に菊池川河口のアサリが大量に死んだ、という記事が出ていた。きのうの大雨で河口の海水が淡水化したせいだとある。

貝がそう雨の度にたやすく死ぬものではなかろう。

農家の人たちは山野に撒（ま）いた農薬（除草剤や殺虫剤）が雨に洗われて川に流れこんだためだ、という。日頃、自分の手でたくさん散布しているからよく判るのである。

彼等は出荷用のイチゴや野菜は決して自分では食べない。こんなに農薬、つまり毒に浸したものは食べられるもんじゃないという。自家消費用のものは別に作るのだ。

昭和二八年の夏のことを今でも悪夢のように想い出すことがある。菊池川から突然、魚が消えたのである。

その年、日本の農家では恐るべき農薬「ホリドール」を初めて田に使用した。効果は凄まじく、害虫も益虫も魚も鳥も人間もバタバタ死んだ。あの夏、田舎の子供たちは川に行っても何もすることがなかった。魚は一匹もいないし、川に入ると頭痛がしてフラフラになるので恐ろしくて泳げなかったのである。

あれから三〇年近い年月が過ぎて、川の自然がまた甦えってきた、と人はいう。魚がまた増えた。シラサギが川にたくさんくるようになった、という。ホタルとトンボがまた見られるようになった、と新聞は書く。

しかし、それは嘘だ。増えた魚というのはヘラブナやコイ、ナマズ、タイワンドジョウなどの汚染に強い、本来、沼に居るべき魚である。村の古老がいうにはシラサギなんてものは、昔は田や沼にいたもので、川では見なかったそうである。

ホタルは清流に棲むゲンジボタルではなくヘイケボタルであろう。後者ならエサになるカワニナと幼虫からサナギになった時に身をひそめる土手さえあればかなり汚れた川でも発生する。

トンボも清流にしかいないオニヤンマなどの種類ではなく、溜り水で生れる種類のものばかりだ。

それに、虫や魚も農薬に慣れ、抗体ができているせいもある。

農薬は低毒性になったというが、効き目が少ないので、何回も撒くから、毒の量は同じだ。除草剤を散布したあとの畑に、野ウサギの死体がゴロゴロ転がっている光景を見ると、日本の山野、川は、そしてその終着点である海はひどいことになっているのだ、ということが子供にでも判る。

諏訪原（すわんばる）のお宮の境内。

明治時代の古い絵馬の下で、青年が笛と太鼓に合せて、シャンシャンと鈴を振り、足を踏みならして踊り始めると、ぼくは一二歳の少年に還った。

舞い手の青年の髪がアフロヘアなのも、見物客がわずか五、六人なのも、時勢であろう。農家の人はみんな土方や近くの工場にパートで働きに出ているので、昼間、神楽を見にこられる人はいないのだ。

かつては部落ごとにやっていたお神楽も、男たちが練習する時間を惜しむようになって、僅かに川向うの月田部落の青年たちがやるだけになった。

彼等に金を払って来て貰う、という形で細々とお神楽が続いている。

各部落を巡回しなければならないので、神楽は一時間で終り、彼等はさっさと次のお宮に行ってしまった。昔は夜遅くまで舞いがあり、村中の人が出て賑（にぎ）わったものだが。

誰も居なくなったお宮に一人佇（たたず）む。

四日目（山鹿—菊水町白石17㎞）消えた「宝島」

山鹿からの川下りは、小学校時代の同級生の石原も一緒にくることになった。準備をしていると、その日具合が悪い、と学校を休んで寝ていた彼の娘も「行く」といい、大層張り切ってついてきた。二人艇を加えて、二隻並べて下った。

菊池川は山鹿を過ぎると山が迫って狭くなる。両岸は深い竹藪(たけやぶ)で、時折、大木が川の上に枝を張り出して蔭を作っている。

竹や木の枝にびっしりとからんだビニールの切れはし。

「汚なかねえ」

自分の郷里の川を初めてこの角度から見る石原が驚いていう。

これが水の澄む秋だからいいのだ。夏だったら水が臭くて、とても楽しむどころではない。夏は水がすぐ腐るから、川の汚れがはっきり出る。

数年前の夏、素潜りの用意をして、山鹿から菊水町まで泳いで下ろうとしたことがある。途中の淵や石垣の水制(ここではワクと呼ぶ)で、昔やったように潜って魚を突こうと思ったのだが、二、三km下って諦(あきら)めた。

川の水はドブの臭いを放ち、淀(よど)みではメタンガスが浮き、岩や石には水ワタがついてヌルヌルし、水中は五〇cm先が見えず、とても水の中に居れたものではなかった。

しかし、まあ、余りシンコクに考えないでのんびり行こう。水上から見ている限り、菊池川もそう悪くはないじゃないか。多摩川や荒川に較べれば良い方だ。ウイスキーを飲みながら、青空の下で少しずつ気持ちがほぐれていく。

岸で竿(さお)を並べている人やダイコンを洗っているおばさんと挨拶を交わす。

村でスーパーを経営している石原は、これまで商売柄、川沿いの道を何百回と通っているのだが、水の上から見る菊池川は別のものらしく、ひと漕(こ)ぎする度に、「ふーん」と唸ってまわりの景色に見入っている。


下津原(しもつわら)の下で「オロ垣漁(がき)」をやっていた。

熊本特有のアユ漁法だ。川いっぱいに張ったロープに、一〇cm間隔で麦ワラを数本ずつくくりつけて垂らす。川を下ってきたアユはゆれ動くロープや麦ワラを警戒して、その線から下には行かない。一ヵ所、ロープの切れ目を作り、そこに四角の囲いを設け、入口を開けておく。川を下るアユはすべてこの一ヵ所の切れ目を通る。アユが囲いの中に入るのを見て、入口を閉め、それをタモ網ですくい獲る、という仕掛けだ。

網の横にこしらえた椅子の上に見張りが所在なげに座っていた。

「今日はジェンジェン下ってこんですなあ」

唱歌の「待ちぼうけ」を絵にすると、こんな風なのであろう。

ここで獲ったアユは採卵して、人工孵化(ふか)させ、稚魚を川に放す。稚魚は一度海に下り、四月頃再び菊池川を上ってくるのである。

内田川の橋脚に材木、竹がびっしりからみついて通れないので、フネを降りた。脇の小さな水路をフネだけ流して通る。

橋の上から一人の男がぼくの名を呼んだ。

遠くではっきり見えないが頭の形や額の生えぎわから見て、同級の太田であることがすぐ判った。船乗りを辞めて、最近、菊水町に帰って来たのだが、頭の格好が昔と少しも変っていない。

彼の連れていた男の子をフネの前のすき間に乗せて更に下った。

ここから白石までの川は、岸の木の一本、岩の一つ一つすべて馴染み深い筈だが、しかし、記憶にある川はそこにはなかった。

川幅いっぱいにあった砂原も、その中を音をたてて流れる瀬も何もなかった。

褐色に濁った水が淀み、沼の植物であるホテイアオイが浮んで、それは川ではなかった。川砂利が徹底的に採り尽され、川は岸からいきなりストンと深くなっている。

石原といつも泳いでいた大江田の川原も、様子が変っているので気づかずに通り過ぎるところであった。このあたりで獲れるフナには、どれも斑点があると漁師はいう。川の汚れのためだ。

ここは夏の間、毎日潜っていたところだ。魚を追うのに飽きると、真白い砂底にぴたりと体をつけ、水中の様々な音をきいたり、頭上にキラキラと光る水面を眺めて過した場所である。

「おい、この先に島があったろうが」

「うん、あったねえ」

学校の帰り途、いつもその島に川舟を乗りつけて、われわれは少年が思いつける限りのあらゆる遊びをしたものだ。それは少年たちの「宝島」であった。

それがなくなっていた。縦一五〇m、横四〇m程の細長い島が消えていた。砂利とりのブルを川に入れて、島ごとそっくり運んでしまったのである。

憮然とする目の前の岸の上から、赤い水が流れこんでいる。菊池川の砂利がなくなったので、今度は山を削って、山砂利を水で洗っているのだ。

いま、菊池川流域で「山砂」を採っているところが一〇ヵ所程ある。その洗い水が入るので、川は一年中濁り、川にヘドロが溜まる一方だ。

山も川も激しく変りつつある。数年振りにメジロをとりに行ったら、目指す山がゴルフ場になっていたり、跡かたもなく消滅していた、という話をよくきく。われわれが兎を追った山も小ブナを釣っていた川も、いまやない。菊池川は死んだ川だ。

これが為政者たちのいう「郷土の発展」というやつなのであろう。

「昔はね、この川にはきれいな砂がずっとあって……」

と石原の娘に説明しかけ、ひどく空しくなって黙りこむ。

太田が川魚料理の「倉田屋」の下で待っていてくれた。川から石段を登って、そのまま店に入る。カニメシを食べて、今日の行程を終了。

夕方、車で三〇分のところにある田原坂の知人の家に行く。田原坂の戦闘で使った小銃弾を貰った。激戦地だったので、今でも畑や山を掘ると、鉛のタマが出てくるのである。

菊池川は西南戦争の時の薩軍の「攻勢終末点」だ。

この川の線まで攻めてきて、その後敗退したのだ。

ぼくの家の前の県道を桐野利秋の部隊が走り回ったらしい。

このあたりでは西南戦争は一〇〇年前の歴史ではない。田原坂の戦場にダンゴやドブロクを売りに行った村人の話や、山の上から戦闘を見に行った話が、ついきのうの出来事のように語られる。

薩軍陣地には私学校の生徒たちの英語の単語帳が散乱していた、という話は、受験期の子供には「だからお前も頑張れ」という意味で語られる。

今はもうないが、ぼくの家から少し離れた三つ角に雑貨屋があった。村の人の噂では、菊池川戦線を撤退する時、桐野隊の会計係が金庫を持ってその家に泊った。家の主人は会計係を殺し、その金で雑貨屋を開いたのだ、ということであった。

数年前、道路の拡張工事があり、その家跡の土地をブルで掘り返していたら、一体の人骨が出てきた。墓跡でもなし、行き倒れの人の骨であれば、そこには必ず地蔵さんとか石柱くらいは立てる筈である。

近所の人は昔の噂話を想い出し、「さては」と語り合ったものだ。

五日目（菊水町白石―河口17㎞）有明海に出る

朝、佐藤さんと江田川に行った。菊池川に流れこむ支流で、菊水の人は菊池川を「大川（おおかわ）」、江田川を「中川（ちゅうがわ）」と呼ぶ。

一昨年来た時に、この川岸の草むらや穴に手を入れて、フナ、ナマズ、オイカワをビク一杯手掴（てづか）みで獲ったことがある。その写真を撮ろう、という訳である。

しかし、その場所に行ってみると、魚の棲み家である岸の草むらや土手はなくなり、新しいコンクリートブロックのつるりとした護岸になっていた。これでは魚は生きられない。

川に沿って移動してみたが、ずっとコンクリートの岸が続いていた。土建業者や河川課のお役人の目には、これは「美しい風景」に映るだろうが、川に棲息（せいそく）する生物にとっては、恐るべき不毛の砂漠である。

一ヵ所だけ水草が残っているところがあった。そこに手を入れてみると、数十匹の魚がラッシュアワーの山手線電車の如く、狭い草陰にひしめきあっていたのは哀れだった。

現代は魚にとっても大変な住宅難の時代なのである。

菊池川流域は考古学の宝庫である。山鹿から白石にかけてある古代遺跡の数はおびただしいもので、「風土記の丘」の指定を受けている。

畑を耕していると土器のかけらがザクザク出てくる。

白石の堰下（せきした）からフネを出す。

昨夜の雨で増水した川で投網の「濁り打ち」をやっている。

白石の堰上数kmにわたる長い淀みで、泥やゴミが沈殿してしまうので、川はかなりきれいになっている。

流れの早いせいもあるが、下流の旅はあっけない。

高瀬大橋を通り、清正公の「石刎」を見つつ河口へ。右岸に立派なハゼの並木が続く。

腰まで浸って、馬鍬（まぐわ）でシジミ貝を採っている女性たち。

ちょうど引き潮で、フネは沖合のノリしびの竹杭（たけぐい）林の中までとび出した。前方、有明海の向うに雲仙岳が立ちはだかる。

竹をこぼれるように積んだ漁船が追い抜いて行く。干潟（ひがた）のゴミの上をムツゴロウがとびはねている。

ビニールに　息ンつまらす　ムツゴロウ

（肥後狂句）

菊池川の旅は阿蘇を背にして始まり、雲仙を前にして終る。

川内川（せんだいがわ）

鹿児島県を横断、東シナ海に注ぐ九州第二の川

起伏が多く、魚がたくさんいる川だ。

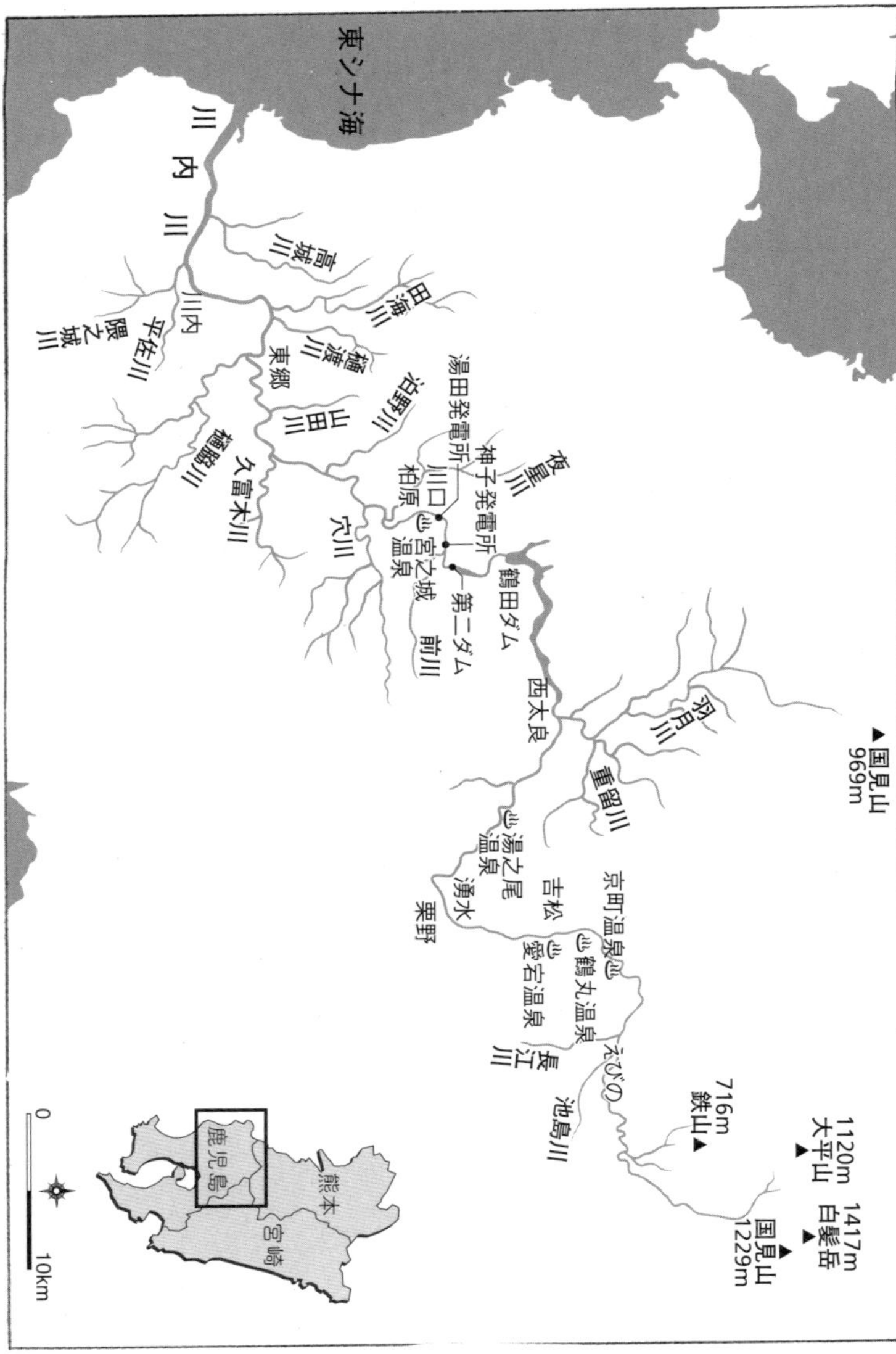
東シナ海
川内川
高城川
田海川
川内
平佐川
隈之城川
樋渡川
東郷
山田川
泊野川
湯田発電所
夜星川
神子発電所
川口
柏原
宮之城温泉
樋脇川
久富木川
穴川
鶴田ダム
第二ダム
前川
西太良
羽月川
重留川
湯之尾温泉
湧水
栗野
吉松
京町温泉
鶴丸温泉
愛宕温泉
長江川
えびの
池島川
国見山 969m
716m 鉄山
1120m 大平山
1417m 白髪岳
国見山 1229m
鹿児島
熊本
宮崎
0
10km

薩摩隼人は死んだか

鹿児島市内の本屋で西郷隆盛の伝記を買った。店を出るとうしろから肩を叩くものがいる。振り返ると白いあごひげをのばした老人がニコリと破顔して大声でいった。

「あんた、良か本ば買いなすったな」

市内を走るチンチン電車で吊り皮にぶら下がっていると、目の前に座っていた男がいきなりぼくのバッグをひったくった。抵抗するぼくの手をぶっちぎり、男はひしとバッグを抱えこんだ。よく見ると彼は目の前に立った乗客の荷物を片っぱしからひったくって、持ってやっているのであった。膝の上に一〇個程の荷物を抱えてフウフウ汗をかいている。

川内駅前のラーメン屋に入ると主人がお客を怒鳴りつけていた。客は若い男で、よくきいてみると「あんたのような若い者がそのくらいのラーメンを食べ残すのは良くない。もう少し頑張って食べなきゃダメじゃないか」と鹿児島弁でいっているのであった。ここの言葉は物のいい方が激しいから、他所者には怒鳴っているようにきこえるのである。

脂のギラギラした白いスープのラーメンに黒砂糖の大きな塊の入った小皿がついてきた。

「熱い人間のいる国」に来たのである。

一日目（栗野―湯之尾９㎞）温泉よりも洪水で有名な湯之尾

肥薩線の栗野駅で下車。町はずれの川内川の土手に荷物を運ぶ。

川内川は熊本県の白髪岳（しらがだけ）（一四一七ｍ）から流れ出し、鹿児島県の北部を西流し、東シナ海に注ぐ。全長一三七㎞で九州では二番目に大きい川だが、上流のこのあたりではまだ小川だ。

「猪犬訓練所」の看板の横を通って、食料と酒を買い出しに行く。

出発。川幅約一〇ｍ。水深四〇㎝。きれいに土盛りされた堤防が続き、晩秋の土手には枯れ草がカサカサと音をたてている。

川はひどく汚れていた。家庭排水と家畜屎尿（しにょう）の汚れである。鹿児島は畜産県で（牛は全国第一位、豚は二位）川っぷちに畜舎が多いのだ。

この川にくる直前に取材した四万十川が余りに美しく、その感動がまだ体に残っているので、いつも出発の時に感じる気持ちの高揚がない。目玉のとび出るようなハクイ女と会った後で、ナミの女を見るとこんな感じがするのであろう。

二時間程漕（こ）ぐと川の両岸にずらりと旅館が建ち並び、湯気が盛んに立ちのぼっていた。「湯之尾温泉」である。

フネを岸につないで町を歩く。町営の共同湯に入って、体を暖めた。大人五〇円也。

湯之尾は温泉よりも洪水で有名だ。年に数回はやられる。去年は五回だった。通りに沿った家には柱に何十本も横に線を引いた印がつけてあり、年月日が書きこまれている。洪水の水位標示だ。

他所から来た人には「ええと、これは去年の梅雨の時のもので……」と誇らしげに説明してくれる。

これだけ頻繁(ひんぱん)に洪水に会いながら、ここ数十年間に一人の死者も出していないという。「洪水ズレ」しているのだ。洪水のあと、建物などについた汚れはなかなか落ちないものだが、ここの住民はいつものことだからその処理がうまい。出水後、二、三日もすると「どこに洪水があったんじゃろか」というくらいきれいになっている。水が退(ひ)きはじめたらすぐに洗うのがコツだそうだ。

湯上りの良い気分で町を漕ぎ抜ける。カーブを曲ると目の前に滝が現れ、あわてて後進した。

なんだ、なんだ、どうしたんだ、といっているうちにフネごと滝に落ちてしまった——といったことは決して起り得ない。

ちょっとした瀬、落差でも大きな音がして遠くから判るし、カヌーは簡単にバックができるからだ。

数百m引き返して、岸に着け、滝を見に行く。「湯之尾の滝」は落差七、八m。滝の落ち口がくの字に割れ、滝幅二〇m程の大きなものだ。盛んに水煙が上っている。

五万分の一の地図には落差五m以上の滝は記入されている筈なのだが、この記載がないのはどういう訳か。

滝を越えるのは明日にして、川岸の竹藪(たけやぶ)の中にテントを張った。

滝の横では大規模な工事が進行中である。いつも氾濫(はんらん)する川にバイパスを作って増水時の水はけを良くし、湯之尾を水から守るためのものだ。

川内川には合計五ヵ所川幅が狭くなっている場所があって、雨が降る度にそこで通水が阻害され、その上流は出水さわぎになる。昔は遊水池として使える土地が多かったので、そこに増水した水を放ち、被害を最小限に抑えていた。しかし、人口が増え、至るところに人が住みつき、氾濫させてもいい土地がなくなってくると問題が出てくる。

河川工学の専門家によると、川内川は日本の川を代表する川だという。川の勾配が大きいこと、増水期と渇水期の水量の差が大きいこと、狭窄部が多くてすぐに氾濫することなど日本の川の治水上の問題点を濃縮した形で持っているのが川内川だという。

下流の川内市あたりでは出水すると家の中にヤグラを組んで、その上に人間が避難した。尻が水に浸るので「尻洗水」という言葉がまだ残っている。

近くの食堂に入り、「ヤマイモザクザク」と「オクラザクザク」というのを頼む。何のことはない、ヤマイモ、オクラを生で小さく刻んだものだ。

この町の旧家で医師をやっている人の家に話をききに行った。

「十年の役の時にゃ」

と彼はいった。このあたりでは西南戦争のことをそう呼ぶのだ。

「官軍がその裏の竹山に砲塁を作りましてな。川内川の向う岸の薩軍を砲撃したとです。あたいの祖父は桐野利秋の一番隊に入ってました。家の者が避難して空家になったこの家を官軍が宿舎に使うちょって、ほら、そこの柱に刀で切りこんだあとがあっでしょ。酔っぱらうて誰かがいたずらしたんでしょうな。腰に弾を食って負傷した爺さんは役後も生きのびましたが、厳しい人で、私は真冬でもハダシで通学させられたもんです」

夜、勉強していて眠くなると、庭の立木を相手に示現流の稽古をさせられた、という。

示現流とは振りかぶった太刀を渾身の力をこめて打ち下ろすだけ、という薩摩独特のもので、防禦のことは考えず、最初の一撃にすべてを賭ける、それをはずされたら死ぬ、という攻撃一本の剣法である。

田原坂の近くの村で育ったぼくは、子供の頃から薩軍兵士の鬼神のような武者振りについてよくきかされたものだ。彼等が「キャーッ」と身の毛のよだつような叫び声(猿叫という)をあげて切りこみをかけると、官軍の兵士は腰が抜けて応戦できなかった、とか、示現流でヘソのあたりまで切り下げられた死体がるいるいと転がっていた、とか、薩兵の太刀を受け止めた官軍兵は自分の刀のつばが額にめりこんで即死した、といった話である。

二日目(湯之尾—西太良11㎞)ゾースイを三〇杯食べる話

早朝、フネをそのまま肩にかついで国道に上り、滝の下まで五〇〇m程歩く。孟宗竹を満載した大型のトラックがぼくが目的地に行きつくまでじっと待ってくれ、そのうしろにずらりと車の列ができたので恐縮する。二回往復して荷を運んだ。

川一面にモヤがたちこめ、川原には霜が白く下りている。

二時間漕ぐと宮之城(みやのじょう)線の鉄橋だ。

この下は「曽木の滝」と九州一大きな「鶴田ダム」、そのすぐ下にまた「第二ダム」と続くので、この間の二〇kmは汽車でとび越えて行くことにする。

フネをたたみ、近くの西太良駅に運び、汽車に乗って薩摩鶴田まで行く。この日は再出発点の偵察に終る。川は深い谷になっていて、キャンプをする場所がないので鶴田のお宮の境内にテントを張った。

夕方、犬を連れた老人がやってきて、話しこんだ。このあたりはついこの前までは大変な僻地(へきち)で貧しく、アワや雑穀の入った雑炊が主食だったそうだ。

「水をたくさん入れた薄いゾースイだから、一食に茶碗で三〇杯ぐらい食わんと腹が保(も)たんだったですね。三〇杯食いますとタオルを腹の上に乗せてもそれが落ちんですな」

来い来いといわれて爺さんの家に行く。品の良い婆さんが出てきて、

「ようおじゃったもした」

といった。よくいらっしゃいました、という意味だ。隣県の熊本出のぼくにも薩摩弁はまるで判らない。歌うような抑揚、省略の多い言葉、これは鹿児島弁ではなくて鹿児島語というべき独立した言語である、という説もうなずける。(だから、鹿児島(カゴンマ)は日本から離れて独立すべきである、と続くのだが……)

この親爺が東京に遊びに行った。焼酎じゃないと飲んだ気がしないので、それを飲ませる店を人に

尋ねるが言葉が通じない。東北の人ならここで嫌になって家に帰るところだが、九州人にはこの種の感覚はない。通じないのは相手の方が悪いと思っているのだ。彼等はこんな時、交番に行く。するとたいてい鹿児島出身の巡査がいて通訳してくれる。明治の昔から警視庁や東京の警官には鹿児島出身が多い。

東京でスピード違反で捕まり、口をきいたら「お前んさあ、鹿児島の者か。そんならヨカヨカ」と釈放してくれた、という話もある。

庭にナベを吊して、カシワや野菜をぶちこんだ料理をご馳走になる。

「薩摩焼酎のちゃんとした飲み方を言っかせもんそ」

爺さんは上機嫌でいった。黒ジョカと呼ばれる土びんを平たくした容器に焼酎と水を入れ、直火にかけて熱する。二五度、三五度の焼酎を日本酒と同じくらいのアルコール度(一六度)にして飲むのが当地のやり方だ。

底が円錐型にとがった盃があった。これに注がれると中を飲み干すまでは下に置けない。「ソラ」と注ぐと「キューッ」と飲まざるを得ないから、その名も「ソラキュウ」という盃だ。

爺さんは庭に置いた椅子にドッカと腰を下ろし、「オイ、茶碗」「オイ、ショウユ」とひっきりなしに婆さんに命令している。婆さんは「ハイハイ」とその都度立ち上って爺さんの世話をやく。茶碗もショウユも爺さんが手をのばせばとれるところにあるのだが、彼は決して自分でとろうとしない。

男尊女卑、男性天国をそのまま絵にしたような場面である。それにしても、九州の男たちが家に帰ると横のものを縦にもしないモノグサになるのは驚くべきものがある。目の前にあるものでも「オイ」と奥さんを呼んで持って来させる。こういうことが何年か、何十年か続くと、男は自分の家の中のことは何も判らなくなる。信じて貰えないかも知れないが、熊本のぼくの兄は自動点火のガスの点(つ)け方を知らないし(台所で何かをしたことがないのだ)、従兄(いとこ)の一人はわが家の食器がどこに納(しま)ってあるか知らない。奥さんが居ない時にお客でもあると、お茶もコーヒーも出すことができずに呆然としている。

セックスとは関係なく、九州の(特に南九州の)男たちほど女を必要としている人間はこの世に居ないのではないか。

ここまで男を無力化すれば女の立場は強力無比、盤石の如く堅牢(けんろう)なものになる。鹿児島の女たちは毎日、亭主の前に膝まずいてくつ下をはかせてやりながら、日ごとに自分なしでは生きていけなくなっていく男を見て、ひそかにニンマリと笑っているのだ。Stoop to conquer (負けて勝つ) とはこのことであろう。

薩摩おごじょは胴長短足色黒幅広べった足だといわれる。そして、このべた足の女性たちが家の中の実際の支配者である。

その夜、老夫婦の家に泊ったのは彼等に懇願されたからだ。ぼくとしてはテントに寝る方が気楽で自由だし、好きなのだが。

昔は遊びに来れば酒を飲み、飲めば必ず泊っていったものだ。いまはみんな車で来るから酒を飲まんし、泊らずに帰っていく。

遊びに来てくれるのはいいが、夜は帰ってしまうから却(かえ)って寂しくなる――

そんな風にいわれれば泊らざるを得ないではないか。

南九州の家は夏向きにできていて、隙間が多く、室内温度は戸外と大して変らない。内張りがついて二重になっているぼくのテントの方がずっと暖かい。

その夜、ぼくが寝たフトンは明治時代のものではないか、と思われる頑丈一式のもので、掛けブトンの厚さは二〇cm余、毛布類はなし。

信じられないくらい重く、肩口から風が出入りして寒く、寝返りを打つと日露戦争(多分)の頃のホコリがワッと舞い上った。

しかし、しばらくすると暖かくなり、更に時間が経つと汗が出てきた。このフトンは重量で体から高温を引き出し、暖める仕掛けになっていた。ただ、とても疲れる。

三日目(鶴田第二ダム―宮之城12km)「老人と海」鹿児島版

鶴田第二ダムは堤高二五m程の中型ダムで、第一ダムで放水した水をここで再調整する。崖(がけ)を苦労して下り、ダム下の川原に荷物を運ぶ。そこでフネを組み立て、再出発。

川内川はここから本格的な渓流になり荒れた。岩場の間を三〇分程漕ぐと、神子発電所のダム。落差七、八mのダムの真中に突き出た岩にフネを着け、傾斜した岩場をフネを担いでそろそろと降りる。フネの荷の積み直しに一時間かかる。

川は再び細く、狭くなり、流速を増した。

やがて、前方に旅館群が見えてきた。宮之城温泉(旧湯田温泉)だ。

この温泉町は昭和四七年の洪水で一二〇軒の家が流され、潰滅している。この上にある鶴田ダムが満水になり、放水した水が町を飲みこんでしまったのである。フネを漕いでいくと岸の岩盤に爆薬の炸裂したあとが見られる。狭くなっていた川をダイナマイトで爆破して川幅をずっと広げ、水はけを良くしたのだ。災害後、川沿いの土地を一〇m程嵩上げして再び町を作り直した。古い木造の情緒のある温泉旅館に替って、現在はコンクリートのホテルが建ち並んでいる。

一時間漕ぐと宮之城の町だ。

川内川には「三轟」といって三つの難所がある。曽木の滝、神子轟(神子ダムで水没)、そして宮之城の町の中にある「轟の瀬」だ。

その手前で岸にフネをつけて、最後の難所を下見に行った。広い岩盤の川原を川が二筋になって流れている。明らかに人の手で掘削した水路である。渇水期のいまは大した流れではないが、夏期には大きな荒瀬になるだろうと思われる。漕破できないことはないが、一応、この名前に敬意を表して、フネをロープで曳き、岩の上を歩いて通過した。町を過ぎ、川原でテントを張る。

町に上り、小さな釣具店に入った。

六〇代とおぼしき精悍（せいかん）な顔つきの店主が網針（あばり）を手に網を繕っていた。ギロリとぼくのつま先からてっぺんまで見る。他国者の入国を厳しくチェックしていた藩政の頃からの習慣だろうか。

「いま何が釣れますか？」

「何も釣れません」

「しかし、何か釣れるでしょう」

「うむ。釣って、釣れんこたあないが、川に行っても面白いことはありませんよ。川は汚れてしもうたし」

どうか売って下さい、と頭を下げて、シブる主人からやっとエサのサシを手に入れる。

カミさんが出てきて、低い、しっかりした声で「アアタ」といった。

うちん人は海軍の軍人あがりで、嘘がいえんとです。釣れんのに、釣れるといって売ることができんとです。それでいつも客とケンカをするんだという。

「川内川（せんでがわ）は腹ン太（ふと）か川です。昔ゃこん下ン淵にゃ四、五尺のコイのゴロゴロしとったですよ。漁師が釣ったコイに舟を曳かせて戻ってくるのを見たこっがあったどん、水面から出た背ビレがこげん太かったですな」

と両手で形をつくる。

夕方、テントの前で竿（さお）を出すとオイカワがぼつぼつ釣れた。魚を手に握りしめると、川内川が少し身近になった。水が汚ないので、初めのうちはこの川を好きになれなかったが、色々と苦労させられたので、少しずつ情が移ってきたようである。

三〇cm大のニゴイもかかった。魚はみな川に放してやった。

四日目(宮之城―川口2km)「川内ガラッパ」たち

出発して五分後、川原で数人の少年が相撲をとっているのを見つけた。昨今の日本の川にはこういう楽しい風景が不足している。学校や親たちが子供が川の近くに行くことを禁じているからだ。

フネを停めて、フリスビーをとり出して遊んだ。ぼくが七〇mの距離から目標の男の子の胸にストライクを投げると、子供たちは尊敬のまなざしでぼくを見上げ、瞳がピカピカ光った。

カヌー教室を開いて、全員にフネを漕がせてやる。少年の学帽の徽章は「桑の葉に蚕のマユが三つ並んだもの」だ。このあたりは養蚕の盛んな土地なのであろう。

一人の子が両手をヒラヒラさせて踊りながら、節をつけていった。

「学校あしたは休み。あさってもやーすみッ」

「川内ガラッパ」という言葉が鹿児島にはある。ガラッパとは河童のことだ。

この流域から多くのすぐれた水泳選手が出ている。特に宮之城は水泳天国で、国体の鹿児島の水泳選手はほとんどこの町出身の者で占める。

大人たちは川についてみんな同じようなことをいった。昔は六月から一〇月まで、一日のほとんどを川内川に浸って過した。プールだと三〇分で飽きるが、川は一日中いても飽きない。「今は子供を川で泳がせんごっなっしもたが、おいどんが小め頃は川内川が人生道場ンごちゃった」

川を向う岸まで泳ぎ渡ること。川に張り出した高い木からとびこむこと。これができないと「弱虫」「卑怯者」といわれた。それは薩摩の少年にとっては死ぬより辛い侮蔑の言葉で、だから必死でとびこんだものだ、と。


子供たちと別れ、出発する。

川の水が増えて、やっとまわりの山と川のバランスがとれてきた。二級と三級の瀬が続き、いくつかの支流からきれいな水が流れこみ、川内川はやや息を吹き返す。

両側を高い絶壁にはさまれた深い長い淵が終ると、吊り橋がかかっていた。

その下に上陸し、テントを張り、食事を作る。今日の漕行距離わずか二㎞。

崖をよじのぼって道路に出て、吊り橋を渡るとそこは川口部落である。

昭和三五年にこの橋ができて、宮之城の町が近くなったが、それまで川内川とその支流と山に囲まれた川口部落は陸の孤島であった。自動車が普及した現在、山を越えて宮之城まで行く道は何でもないが、当時は大変だったらしい。

学童は渡し舟で川向うの学校に通学し、雨が降って増水すると学校は休みになった。

「部落には六つ門といって六つの姓しかなかったです。結婚も部落以外の者とはせんかったですね。人々の連帯が強くて、今から思えば良か点も多かったですな」

例えば、この部落には昔から「農休日」があった。「解（とく）」といった。

「明日は解（とっ）じゃっど」

と、有線放送ができるまでは触れ人が一軒一軒いって回った。解は彼岸から彼岸までの間、つまり三月から九月までの間、週に一回あった。

近年、多くの農村で「サラリーマンのように週一回の農休日を」という運動があり、失敗に終っている。

日本の農家には「他人が遊んでいる時に働くのは何とも気持ちがいい」という考えがあり、どうしても部落で決めた農休日に働く者がでてくる。すると、他人が働いている時に遊んでいるのは何とも気持ちが悪い、と考える人がいて、次第に農休日破りが多くなる。抜けがけで働いてはイカン、ダメと罰金制度を設けたが、それを払ってでも働いた方が得だ(何という勤勉さ！)と考える者が多くなって、結局、農休日は日本に根づかなかった。

「それが孤立した部落の良かところでしょう。きまりを破るもんは居らんじゃったですよ」

五日目(川口―東郷（とうごう）16㎞)ジャングルのような休耕田

流れが急になったところでは、たいてい網場（あば）が作ってあった。川いっぱいに八の字にすのこを張り、この中にアユを追いこんで投網やウケで獲（と）るのだ。漁期が終ったら杭（くい）やすのこは撤収する規則なのだが、たいていオフシーズンもそのままにしてある。そこを通る時はいちいちフネを持ち上げて越さねばならない。網場の中に白い陶器のかけらが散らばっている。漁期中、川内川の川漁師は網場の中に何枚かの白い大皿を沈めておく。皿の上を通るアユは遠くからでもはっきり見えるから、それをねらって網を打つのである。

土手に登って北薩の平野を見る。

カマボコ型のビニールハウスがずらりと並んで光っていた。田の畦道(あぜみち)に体長一m程の石彫りの像がある。「田の神(かん)さあ」とここらで呼ばれている石像で、右手にしゃもじ、左手に茶碗を持っている。農作物の豊饒(ほうじょう)を司る神だ。

二頭の黒牛を曳いた農夫が背中を丸くして歩いてきた。

「あのハウスでは何を作ってるんですか？」

「イチゴ、キュウリ、トマトなんかだな。おいもあれをやっちょったが、体をこわしたのでやめた。ハウスをやると長生きゃできん」

密閉した温室に絶えず農薬をまき、その中で長時間働くから、どうしても農薬中毒になる。

男は畦道を指差していった。

「あの石仏、面白かでしょう」

頭に帽子をかぶった田の神さあは、うしろから見ると男性器そっくりに作ってある。最近の骨董品(こっとうひん)ブームで、都会(まち)からこれを盗(と)りにくる人が多いんだそうだ。

「子供(こどん)の頃、学校ン帰りに友だちと二人であれに小便ひっかけましてな、あくる日二人とも罰があたって首が曲ってしもうた」

「どうしました?」

「うん、焼酎一本持って田の神さあに謝まりに行ったら、すぐ直った」

方々に背丈を越すカヤ、しの竹などの密生した田が見られた。減反政策による休耕田だが、南国は植物の成長が早いから、放置された田は一年たつとジャングルのようになる。

「こん前、熊本の菊池の視察に行ったどん、放置した田は一枚もなかった。北の方の人は良う働きますな。わしら鹿児島ン者はその点怠け者じゃ。やっぱり南洋から来た土人の子孫じゃね」

薩摩隼人の先祖は、昔インドネシアあたりから流れついた漁民だ、という説はここでは広く信じられている。

その菊池川流域の人は、更に北の筑後川(福岡、佐賀)あたりの農家を評して「あそこの人はわしらの二、三倍は働く」という。

川原にはハウスで使ったビニールが山のように積んである。不法投棄としてとがめられると「川で洗うために置いているのだ」といい訳をする。そのうち、雨が降って増水すると、川がビニールを持っていってくれる。これが日本中の農家でやっているビニール処理法である。

川が広々としてきた。

数mの間隔で岸近くに打ちこんだ杭にずらりと一〇本程の竹竿が縛りつけられていた。竿にはそれぞれ太いテグスがついて、川の深みにのびている。「棒立て(ぼた)」と呼ばれる置きバリ漁である。一本の竿先がぐいぐいとしなって動いている。フネを漕ぎ寄せて糸を引きあげると五〇cmくらいのコイがかかっていた。

「オーイ。かかってるよーっ。サカナ、サカナーッ！」

とおらぶと、土手の上の家から「ハーイ」と返事があり、男が走って出てきた。

「どうもすみまっせん」

東郷の川原に泊る。夜間、テントの前の水面を懐中電燈で照らすと、マッチ棒くらいの細長いものが数匹、チョロチョロと泳いでいた。ウナギの稚魚(シラス)だ。川内川のシラスウナギ漁はこれからである。

六日目（東郷―河口19km）婆さんからボンタンを貰うコツ

海に近づくにつれて、川っぷちの緑が濃くなり、樹木の相が猛々(たけだけ)しくなっていく。土地の人がいうように、上流に較べると確かに下流は「シャツ二枚分は暖かい」。

木の茂り方はもう熱帯のものだ。

上陸して足をのばす。

一軒の家のそばの木にはボンタンがたわわになっている。バレーボールくらいの大きな果実で、それが数十個ぶら下がるとあたりがパーッと明るく感じられる。

こういう時はうんとほめたり、びっくりしてみせると、気前よくくれるものである。

庭先のゴザの上に小豆を広げて干している婆さんに声をかけた。

「お婆さんたくさんなってますね。あれは何という果実ですか？　初めて見た」

「何な？」

「あれです」

「どれな？」

「あれですよ」

「よう判らん」

「あの奥の黄色い大きなミカンのようなやつですよ」

「ようきこえん」

つい短気を起して、

「これ、これ。このボンタン!!」

結局、何も貰えず。


川内市の橋のたもとで佐藤さんと落ち合う。

撮影が済んだ後、彼の車で川の上流まで走った。

カヌーの時速五、六kmの動きに体が慣れてしまっているので、車のスピードに目が回った。車の速さは人間の体には合わないのではないか。

野を越え山を越え、滝やダムを越え、急流を下って一週間かかったところを、わずか数時間で行ってしまったのには呆(あき)れてしまった。

どうもいまだに納得がいかない。

車から見える川内川は味も匂いもなく、帯状の細長い水溜(みずたま)りに過ぎなかった。

川内川（せんだいがわ）再び

南国薩摩の川を、なるべく下らんごつ下る

旅の相棒は三代目カヌー犬たち。（撮影：渡邉由香）

二〇一八年、秋日和が続き、犬とカヌーを車に乗せ、郷里の熊本に帰省した。

菊池川をちょっと漕いでみたかったが、川はひどく汚れていた。この川に注ぐ支流の江田川も下水のようになっている。これはダメだ。

最近、地方都市や地方の町を流れる川は浄化槽をつけてきれいになっている所が多いが、ぼくの郷里はまだお金がないのだろう。ぼくを作り上げたのは菊池川と江田川である。当時は白砂の川底で水は澄み、毎日友だちと魚を追い、楽園のようだった。

失望して鹿児島まで足を伸ばし、川内川に行った。長距離を漕ぐつもりはない。ちょっとだけ二、三日だけ夜をこの川原で過ごしてみたかったのだ。

上流の宮之城の町に行き、川魚料理屋でウナギを食べた。川内川は九州では筑後川に次いで二番目に大きな川で魚が多く、人々はよくこの川で川魚を獲り、食べる。

川に沿って車を走らせると、まだカニカゴや棒立て（ぼた）と呼ばれるオキバリが仕掛けてあって、そのウキがあちこちに見えて嬉しい。二〇年程前、この川の流域に八年間住んだ。カニカゴを浸けると、ツガニと一緒にスッポンがよく獲れたものだ。

中流の川原に車を入れ、フネを組み立て、県内に住む友人に連絡をした。

「今、川内川に来とる。支流の樋脇（ひわき）川の流れこみに今夜はテント泊する。月の出るけん、月見酒を飲もう」

友人は東京出身の男で、鹿児島大学を出て黒豚の飼育をしている。他所から鹿児島に来た人間の常として、彼は鹿児島のものが大変好きである。

川の水はまだ温かく、沈しても寒くない温度だ。漕がず、ゆっくりと流れに乗せて下った。なるべく道草を食いながら、釣りをしたり潜ったり、釣り師と話をして、時間をかけて下るのがツーリングのコツだ。「なるべく下らんごつ（ように）下る」川下りである。

陽光が暖かく、広い川原の一面に、白いススキの穂が広がり、美しい。ホオジロがチチチチと鳴きながら川原を飛んでいった。

ぼくは少年時代に戻り、飛んでいくホオジロを見つめた。小学校の時のぼくはメジロやホオジロを掴まえるのがうまく、下級生によく獲ってあげたものだ。少年がメジロとホオジロに特に愛着を持つのは、この二種の鳥は餌付けがしやすいからだった。たった今、ぼくにとらわれたメジロ、ホオジロが、ミカンやふかし芋をやるとすぐにパクパクと食べた。田舎だからスズメなどもよく獲れたが、他の鳥はなかなか餌を食べず、いつも二日程で飢え死にするので悲しかった。

落ちアユをねらった釣り師がときどき現われる。一人のアユ釣り師に声を掛けた。

「今年のアユはどうですか?」

「太かつの多かね」

鹿児島の釣り師はのんびりしていて感じがいい。

川べりに人家が少なく、どこにテントを張っても構わない。一年中魚がよく獲れ、水温が高く、鹿児島は米やジャガイモをその気になれば年に二回収穫できる。ここはぼくの好きな田舎の一つである。

小さな流れこみの近くで上陸。土手を越えた所にあるコンビニで焼酎を一升買った。

二十数年前、村のコンビニの店頭には、近くの焼酎工場の「試飲用」の焼酎が大きな容器に入れて入口に置いてあった。お客はそれをコップに二、三杯引っ掛けて出入りしていた。薩摩の風(ふう)である。

夕方上陸して、草が厚く生えた所にテントを張った。

犬が草の上をゴロゴロと転がり、水際に鳥を見つけて追っていく。背後の孟宗竹の林にいき、手頃な竹を一本切った。これに焼酎を入れ、片方の先端を尖らせた竹を焚火の横に打ちこむ。

焚火であぶられ、やがて竹の味が沁みだして、焼酎はいい味になる。これを「カッポ酒」という。竹の多い西日本だけの味だ。

日暮れ時に毛バリを振って、オイカワを二〇匹程釣った。火で焼いて、半分を犬にやる。

日没後、友人が奥さんを連れてやってきた。彼はいつも酔っ払うので、飲む時は奥さんが運転してくる。鹿児島の男はいつもは女性に対して大変威張っているが、こういう時は奥さんの方が断然強い。

彼はぼくの犬を見て、「目が丸いね」といった。彼らの飼っている猟犬はいつもイノシシと闘っているので、闘争的な顔つきをしている。今年の冬は二頭の犬がイノシシに腹を裂かれて、治療費に二〇万円かかったと話した。

「こら、丸目(まるめ)くん」

とぼくの犬に呼びかけ、頭に手を置いた。ペット犬で、いつも遊んでばかりいるぼくの犬はお人よしで、人に話しかけられると尻尾を振って喜ぶ。

ぼくが徳島の吉野川でやっている「川ガキ養成講座・川の学校」の卒業生に電話をかけてキャンプに招んだ。「川の学校」では川原でキャンプをして川に入って泳ぎ、魚獲りやとびこみなどをして遊ぶ。「川ガキ」を育てるのだ。彼は京都の山村育ちで、小学生の時に吉野川に入って魚獲りが好きになり、長じて鹿児島大学に入ったのだ。大学寮に入り、旧制七高風のバンカラな青春を送っている。

「どうだ、寮生活には慣れたか?」

「最近やっと慣れました。早朝に全員叩き起されて、ストームをやられた時はびっくりしたけど」

ストームとは、上級生が押しかけて新入生たちを廊下に一列に並ばせ、端から一人ずつ学年、学部、出身高校、名前等をつまらずに早口で大声で叫ぶというものだ。誰かが途中でつまると、もう一度最初の人から始まる。つまりすぎるとかなり怒られる。同時に寮歌と校歌の練習もする。近年、大学生の急性アルコール中毒で事故が起きるので焼酎の一気飲みはなくなったが、上級生はよく面倒を見てくれるそうだ。彼は同じ水産学部の先輩とほとんど毎日のように釣りに行く。今年の夏は五つ下の弟を招んで、鹿児島の海を楽しんだ。鹿児島は人間も自然も他の日本と違うから愉快だという。

彼がいった。「寮にいるときは標準語で話すけど、町に出ると地元の人の方言がよく判りません。あれはまるで外国語ですね」

「郡部の田舎に行くともっと判らんぞ。アユ釣りは覚えたか。川内川は隣の球磨川よりアユが多いんだ。川幅も広いし、釣り師が少ないのでとても釣りやすいらしい」

「この前誘われたけど、まだ行ってません。尺アユが何匹も釣れるそうですね」

彼が子供の頃、徳島のぼくの家に来て、夜間に水中ライトを持って川に潜ったものだ。アユが水中メガネにぶつかってきて、彼はすっかりアユ獲りに夢中になっていた。

「せっかく鹿児島にいるんだからアユ釣りを覚えていけ。知り合いの名人を紹介してやろう。お前は今海釣りに夢中になっているけど、鹿児島は川釣りも面白いんだ。魚の数の桁が違う。潜ってみると判るよ。鹿児島は海も川も魚で盛り上がってる。桜島に住んでいる人がいってたぞ。彼は漁師だが、家から五km以上離れたことがないそうだ。家の周辺だけでタイがよく獲れる。畑は桜島の地熱でビワなどは日本で一番早く採れる。火山灰さえ降らなければ世界一の場所だといっていた」

隣を見ると、田舎の人でもこういう焚火で飲むのは楽しいらしく、友人はすでに酔ってしまっていた。そしてやおら立ち上がると、鹿児島県民の定番の「ちゃわんむしの歌」を歌った。茶碗蒸しを何かの虫と勘違いした鹿児島の人の歌で、県外の人がきくとよく判らないがなにやら面白い文句だ。

♪うんだもこら（あらー、それは）　いげなもんな（どんなものか）　あたいげどん（わたしの家の）　ちゃわんなんだ（茶碗なんて）
ひにひにさんども（まいにち三度も）　あるもんせば（洗っているから）　きれいなもんごわんさ（きれいなものだ）
ちゃわんにつーいた　むしじゃろかい（虫だろうか）　めごなどけあるく（籠などを蹴散らして歩く）　むしじゃろかい
まこて（まったく）　げねこじゃ（恥ずかしいことだ）　わっはっはー

ぼくは奥さんにいった。

「今度は春にまた来ます。以前、春休みに川内川に来た時、ホタルの幼虫が川から上がる時でね、その夜ぼくのテントは光輝く幼虫におおわれて、クリスマスツリーのように明滅していた。そのホタルは一、二ヵ月後、土から出てきて飛ぶんだ。その頃もいいだろう」

「ふーん、それは地元の人も余り見たことがないね」

「春雨がショボショボ降っている夜じゃないといけない」

友人は三〇年前にぼくが無理矢理カヌーに誘い、ライフジャケットも着けず、西日本の川を漕いで回ったものだ。

「あの頃は川地図もなく激流を下って、よう沈しよったな」

「その代わり、ウェットスーツを着とった」

「うん、おれたちは潜るけんね」

「この川は今潜っても真っ暗で何も見えんぞ。ダムで水が濁ってしもた」

鹿児島の男は魚も釣るが、潜ってウナギやコイも突く。彼はウナギの尻尾を突いて、それを掴もうとして噛まれた手の傷を見せた。

「以前、この下流の方に中洲があったろうが。あれはどうしたんだ」

「ダムを作ったけん、砂が流れてこなくなって消えた」

「昔は川はずっと砂の川原があっただろう」

「今は砂が少のうなってゴロタ石ばっかりたい」

昭和三〇年代まで日本の川の至る所に柔らかな砂の川原や砂州があり、その上にテントを張って横になるのは快楽であった。それが現在、川の源流部にあるダムで砂をとられ、日本中の川の岸や川原は直径一〇cm前後のゴロタ石ばかりである。これは実に味気ない。

川内川は一九七二年にひどい水害があって、上流の湯田温泉の街が全部流されてしまった。その後、温泉地帯は一〇m嵩上げにしている。水害のあと、温泉街の人が下流に行くと、何か見たような服を着た婦人を見かけたそうだ。服の入ったタンスごと流され、下流の人がそれを拾ったのである。「それは自分の服だから返せ」ともいえないし、複雑な気持ちになったという。

その夜、われわれは月を見るのも忘れて気持ちよく酔った。友人は一升瓶をあけ、上機嫌で帰っていった。

次の日、正午に出発。薩摩川内（さつませんだい）市の橋のたもとで上陸。電話でタクシーを呼んで車をとりに行き、ぼくは上流の温泉に向かって走った。一泊二日の軽いツーリングである。

九州の川は源流部から下ると、山間の集落に小さな温泉があり共同風呂になっている。川を下りながら途中で温泉に浸り、村の人と話をする。こういうことのできる川は世界にも余りない。

ぼくが子供の頃、九州の川では六月になると、自由に川に行って泳ぐことができた。泳げない子供はクラスに一人か二人であった。それが現在では、学校では川に行くのを禁止し、泳げない人間が増えた。従って学校の先生すら泳げない人が多い。溺れかけた子供を救おうと川にとびこんで死ぬのはたいてい大人である。

シベリアやカナダなど寒い国でも夏は子供たちは泳ぐ。日本の川だけが泳ぐ子供の姿が見えない。こんなきれいな温暖な川を持つ国で実にもったいない話だ。今年の夏も、あちこちで不幸な水難事故が出たが、これは学校及び社会の責任である。自分の子供くらい泳ぎを叩きこまねばならない。

日本は世界でも山が多く、雨量も豊かで、かつては自然が多彩な美しい国であった。それが終戦後、林野庁が、針葉樹の値段が高くなったと全国の雑木林を切り、ほとんどの山をスギ、ヒノキにしてしまった。雨量ひとつをとってもモンスーン地帯の日本は世界でも川の水の豊かな国であった。ヨーロッパ諸国の年間雨量は五〇〇㎜前後だが、四国の年間最大雨量は四〇〇〇㎜である。

高度経済成長とともに日本中の川に国がダムを造り始めた。三〇～四〇年前、全国でダム建設反対運動が盛んになった。一番大きな反対運動は、日本の中心を流れ、魚が多いことで知られた長良川に河口堰を造った時である。全国からパドラーが集まりカラフルなカヌーのデモはマスコミの耳目を集めたが、われわれは負け、河口堰が造られ清流は消えた。現在上流にダムのない川はない。ダムのない川と謳われた四万十川も、実は支流の奥に小さなダムがあり、それがヘドロで満杯になりその水を流すので、かつてはそのまま飲めた水も汚なくなった。この国では林野庁が山を、国交省が川を破壊している。日本中の川にダムができ、川が汚れた時、初めて「川は美しくなければならない」という意識が人々に広がった。

約五五年前、ぼくは全国の川で潜って魚を獲っていた。今でも覚えているのは四国・吉野川の上流、大歩危小歩危(おおぼけこぼけ)あたりで潜った時のことだ。水の余りのきれいさに陶然となった。潜ると二〇~三〇m先にアユやアマゴ、コイの群れがいて、川はコバルトブルーに澄み、しかも水温が高かった。一日中川に潜り、夜は近くの小学校に行き、宿直室に泊めてもらった。

数年後、再びそこを訪れた時、早明浦ダムという巨大なダムができて、あの美しい川は消滅していた。その後、世界の主な川のほとんどを下ったり潜ったりしたが、あれほど美しい川はなかった。最近になって吉野川の大歩危小歩危のあたりを世界遺産にしろという話が挙がっているが、もう遅い。われわれは子孫に世界一きれいな川を残せなかった国民である。これを書いている現在も、日本の数ヵ所で着々とダムが造られつつある。これ以上、日本の川が消滅することのないよう希望する。

日本の川の夏はアユ釣り師が多いので、カヌーを漕いでいるといざこざが起ることがある。そういう人には海を勧める。一般的に六月からアユ釣りが始まるので、ぼくは夏は北海道や東北、四国、九州の釣り師の少ない川に行く。晩秋に徳島県南の川を下った時、休憩中に川をのぞきこむとテナガエビやモクズガニがたくさんいて、それを数十匹獲って食べた。カヌーの旅はなるべく道草を食って、流域の人々と接触しながら下ると面白い。一〇kmの距離を車で行くと一〇分で終わるが、カヌーで行くと一日楽しめる。日本はたくさんの島があり、それら島の間を漕いで回るのも面白い。

考えてみると日本はきれいな川が多い。それを大いに利用して遊びたい。川で遊び、川を好きな人間をたくさん作りたいと思っている。

川内川上流で犬とキャンプをした。（撮影：渡辺正和）

本書に収録された川に、遊びに行ってみたい人へ

川とカヌーツーリングの情報問合せ先

※すべての問合せ先は、2019年3月現在のものです。

東北の自然が色濃く残る

雄物川

P073

マタギ料理　食い道楽

☎0182-42-1500
または
☎080-6032-0137
秋田県横手市十文字町腕越字西原88-9

屈斜路湖から広大な釧路湿原へ

釧路川

P009

ノースイースト・カヌーセンター

☎090-8279-9712
北海道川上郡弟子屈町高栄1-5-4
http://north-east.jp/

東京湾に注ぐ都民のオアシス

多摩川

P093

グラビティ

☎0428-76-0981
東京都青梅市柚木町3-787-9
https://gravity-jp.com/

日本でも有数の生き物の宝庫

尻別川

P031

ノーアスク アドベンチャーツアーズ

☎0136-23-1688
北海道虻田郡倶知安町山田20-6
http://www.noasc.com

全長367km。日本で一番長い川

信濃川

P113

十日町カヌー倶楽部

☎090-3750-6613
weloveshinanogawa@gmail.com
新潟県十日町市千歳町2-3-5 サンタ・クリエイト内
https://www.facebook.com/tokamachi.canoe/

宮沢賢治のふるさとを流れる

北上川

P051

花巻スポーツランド

☎090-4476-5875
岩手県花巻市十二丁目1232
http://hanamaki-spoland.main.jp/

日本を代表する美しい川

四万十川

P217

レンタルカヌー　シマムタ共遊国

☎0880-54-1601
高知県四万十市西土佐口屋内　584
http://shimamuta-07.sakura.ne.jp/index.html

今でも川漁師が活躍する清流

長良川

P133

ゆいのふね

☎080-8256-4295
岐阜県岐阜市長良45-1
https://www.yuinofune.net/

源流から中流まで多数の温泉

筑後川

P237

筑後川防災施設くるめウス

☎0942-45-5042
福岡県久留米市新合川1丁目1-3
http://kurumeus.net/

水上の参詣道として世界遺産登録

熊野川

P155

アイランド ストリーム

☎0737-63-3221
和歌山県有田郡湯浅町栖原1434
http://www.island-stream.com/

阿蘇外輪山の水を集めて有明海へ

菊池川

P255

ゴーネイチャー

☎096-221-9869
熊本県熊本市東区広木町27-56-102
http://gonature.jp/company.html

中国地方で最大の流れ

江の川

P177

江の川カヌー公園さくぎ

☎0824-55-7050
広島県三次市作木町香淀116
http://genkimurasakugi.or.jp/

かつては暴れ川として怖れられた

川内川

P277

NPO法人 ひっ翔べ！奥さつま探険隊

☎0996-59-2522
鹿児島県さつま町神子3988-7
（川内川大鶴ゆうゆう館内）
https://www.facebook.com/hittobe.satsuma/

静かな里山風景が魅力

吉井川

P197

岡山カヌークラブ

☎090-8712-9761
岡山県岡山市北区宿229-3
http://canoeclub.web.fc2.com/home.html

野田知佑（のだ・ともすけ）

1938年生まれ。熊本県出身。カヌーイストであり、川遊びカヌーを提唱した日本のツーリングカヌーの先駆者。国内外の川を下ってアウトドアエッセイを書き、自然を破壊する無益な公共工事に警鐘を鳴らす。

少年時代に疎開した熊本県菊水町（現和水町）で魚捕りに夢中になる。大学卒業後、英字新聞の販売拡張員をしながら日本各地の川に潜った。

1965年、シベリア鉄道経由で渡欧し放浪。帰国後、高校の英語教師、雑誌記者などを経て、1982年に『日本の川を旅する』で日本ノンフィクション賞新人賞を受賞。1998年、一連の活動に対して、毎日スポーツ賞文化賞を受賞。

主な著書に『ナイル川を下ってみないか』『旅へ』『少年記』『のんびり行こうぜ』『カヌー犬・ガク』『北極海へ』『ユーコン漂流』『世界の川を旅する』『ダムはいらない！　新・日本の川を旅する』『川の学校』『ユーコン川を筏で下る』など。

この本は、1985年7月発行の新潮文庫『日本の川を旅する　カヌー単独行』に
加筆をして復刻出版したものです。
本書に出てくる川の状況は執筆当時のものです。

日本の川を旅する　カヌー単独行

2019年3月28日　初版第1刷発行

著者　野田知佑
発行者　辰野　勇

発行所　株式会社ネイチュアエンタープライズ
〒550-0013
大阪府大阪市西区新町2-2-2　モンベル本社内
東京営業所　電話 03-3445-5401
FAX 03-3445-5415
モンベルホームページ　https://www.montbell.jp/

印刷製本　株式会社サンニチ印刷

カバー写真（裏）　佐藤秀明
デザイン　三浦逸平
地図作成　かめだ ゆき

ISBN:978-4-9908067-8-1